吳忠信日記

（1937-1939）

The Diaries of Wu Chung-hsin, 1937-1939

民國日記 ｜ 總序

呂芳上
民國歷史文化學社社長

　　人是歷史的主體，人性是歷史的內涵。「人事有代謝，往來成古今」（孟浩然），瞭解活生生的「人」，才較能掌握歷史的真相；愈是貼近「人性」的思考，才愈能體會歷史的本質。近代歷史的特色之一是資料閎富而駁雜，由當事人主導、製作而形成的資料，以自傳、回憶錄、口述訪問、函札及日記最為重要，其中日記的完成最即時，描述較能顯現內在的幽微，最受史家重視。

　　日記本是個人記述每天所見聞、所感思、所作為有選擇的紀錄，雖不必能反映史事整體或各個部分的所有細節，但可以掌握史實發展的一定脈絡。尤其個人日記一方面透露個人單獨親歷之事，補足歷史原貌的闕漏；一方面個人隨時勢變化呈現出不同的心路歷程，對同一史事發為不同的看法和感受，往往會豐富了歷史內容。

　　中國從宋代以後，開始有更多的讀書人有寫日記的習慣，到近代更是蔚然成風，於是利用日記史料作歷

史研究成了近代史學的一大特色。本來不同的史料，各有不同的性質，日記記述形式不一，有的像流水帳，有的生動引人。日記的共同主要特質是自我（self）與私密（privacy），史家是史事的「局外人」，不只注意史實的追尋，更有興趣瞭解歷史如何被體驗和講述，這時對「局內人」所思、所行的掌握和體會，日記便成了十分關鍵的材料。傾聽歷史的聲音，重要的是能聽到「原音」，而非「變音」，日記應屬原音，故價值高。1970年代，在後現代理論影響下，檢驗史料的潛在偏見，成為時尚。論者以為即使親筆日記、函札，亦不必全屬真實。實者，日記記錄可能有偏差，一來自時代政治與社會的制約和氛圍，有清一代文網太密，使讀書人有口難言，或心中自我約束太過。顏李學派李塨死前日記每月後書寫「小心翼翼，俱以終始」八字，心所謂為危，這樣的日記記錄，難暢所欲言，可以想見。二來自人性的弱點，除了「記主」可能自我「美化拔高」之外，主觀、偏私、急功好利、現實等，有意無心的記述或失實、或迴避，例如「胡適日記」於關鍵時刻，不無避實就虛，語焉不詳之處；「閻錫山日記」滿口禮義道德，使用價值略幾近於零，難免令人失望。三來自旁人過度用心的整理、剪裁、甚至「消音」，如「陳誠日記」、「胡宗南日記」，均不免有斧鑿痕跡，不論立意多麼良善，都會是史學研究上難以彌補的損失。史料之於歷史研究，一如「盡信書不如無書」的話語，對證、勘比是個基本功。或謂使用材料多方查證，有如老吏斷獄、法官斷案，取證求其多，追根究柢求其細，庶幾還原

案貌，以證據下法理註腳，盡力讓歷史真相水落可石出。是故不同史料對同一史事，記述會有異同，同者互證，異者互勘，於是能逼近史實。而勘比、互證之中，以日記比證日記，或以他人日記，證人物所思所行，亦不失為一良法。

從日記的內容、特質看，研究日記的學者鄒振環，曾將日記概分為記事備忘、工作、學術考據、宗教人生、游歷探險、使行、志感抒情、文藝、戰難、科學、家庭婦女、學生、囚亡、外人在華日記等十四種。事實上，多半的日記是複合型的，柳貽徵說：「國史有日歷，私家有日記，一也。日歷詳一國之事，舉其大而略其細；日記則洪纖必包，無定格，而一身、一家、一地、一國之真史具焉，讀之視日歷有味，且有補於史學。」近代人物如胡適、吳宓、顧頡剛的大部頭日記，大約可被歸為「學人日記」，余英時翻讀《顧頡剛日記》後說，藉日記以窺測顧的內心世界，發現其事業心竟在求知慾上，1930 年代後，顧更接近的是流轉於學、政、商三界的「社會活動家」，在謹厚恂恂君子後邊，還擁有激盪以至浪漫的情感世界。於是活生生多面向的人，因此呈現出來，日記的作用可見。

晚清民國，相對於昔時，是日記留存、出版較多的時期，這可能與識字率提升、媒體、出版事業發達相關。過去日記的面世，撰著人多半是時代舞台上的要角，他們的言行、舉動，動見觀瞻，當然不容小覷。但，相對的芸芸眾生，識字或不識字的「小人物」們，在正史中往往是無名英雄，甚至於是「失蹤者」，他們

如何參與近代國家的構建，如何共同締造新社會，不應
該被埋沒、被忽略。近代中國中西交會、內外戰事頻
仍，傳統走向現代，社會矛盾叢生，如何豐富歷史內
涵，需要傾聽社會各階層的「原聲」來補足，更寬闊的
歷史視野，需要眾人的紀錄來拓展。開放檔案，公布公
家、私人資料，這是近代史學界的迫切期待，也是「民
國歷史文化學社」大力倡議出版日記叢書的緣由。

導言

王文隆

南開大學歷史學院副教授

一、吳忠信生平

　　吳忠信（1884-1959），字禮卿，一字守堅，別號恕庵，安徽合肥人。1900年八國聯軍攻陷北京，光緒帝與慈禧太后西逃，鑑於國難而前往江寧（南京）進入江南將弁學堂，時年僅十七。1905年夏天畢業後，奉派前往鎮江辦理徵兵，旋受命為陸軍第九鎮第三十五標第三營管帶，開始行伍生涯。隔年經楊卓林介紹，秘密加入同盟會。1911年武昌起義，全國響應。林述慶光復鎮江，自立為都督，任吳忠信為軍務部部長，後改委為江浙滬聯軍總司令部總執行法官兼兵站總監。

　　1912年元旦，孫中山就任中華民國臨時大總統，奠都南京，吳忠信任首都警察總監。孫中山辭職後，吳忠信轉至上海《民立報》供職，二次革命討袁時復任首都警察總監，失敗後亡命日本，加入孫中山重建的中華革命黨。並於1915年，在陳其美（字英士）帶領下，與蔣中正同往上海法國租界參預討袁戎機，奠下與蔣中正的深厚情誼。1917年，孫中山南下護法組織軍政府，吳忠信奉召前往擔任作戰科參謀，襄助作戰科主任蔣中正，兩人合作關係益臻緊密。爾後，吳忠信陸續擔任粵軍第二軍總指揮、桂林衛戍司令等職。1922年，

吳忠信作為孫中山的全權代表之一員，與段祺瑞、張作霖共商三方合作事宜。同年 4 月前往上海時，因腸胃病發作，辭去軍職，卜居蘇州。爾後數年皆以身體不適為辭，在家休養，與好友羅良鑑（字偌子）等人研究諸子百家。

　　1926 年 7 月，蔣中正就任國民革命軍總司令，誓師北伐，同年 11 月克復南昌後，邀請吳忠信出任總司令部顧問，其後歷任江蘇省政府委員、淞滬警察廳廳長、建設委員會委員、河北編遣委員會主任委員等職。1929 年，因國家需要建設，前往歐美考察十個月。1931 年 2 月奉派為導淮委員會委員，同月監察院成立，又任監察委員。1932 年 3 月受任為安徽省政府主席，次年 5 月辭職獲准後，轉任軍事委員會南昌行營總參議。1935 年 4 月擔任貴州省政府主席，次年 4 月因胃腸病復發加以兩廣事變，呈請辭職，奉調為蒙藏委員會委員長。自此主掌邊政八年，期間曾親赴西藏主持達賴喇嘛坐床、前往蘭州致祭成吉思汗陵，並視察寧夏、青海及新疆等邊疆各地。1944 年 9 月調任新疆省政府主席兼保安司令，對內以綏撫為主，對外應付蘇聯及三區（伊犁、塔城、阿山）革命問題，1946 年 3 月辭任後，任國民政府委員，並當選第一屆國民大會代表。

　　1948 年 4 月，蔣中正當選行憲後第一任中華民國總統，敦聘吳忠信為總統府資政，復於該年年底委為總統府秘書長。1949 年 1 月 21 日蔣中正引退後，吳忠信堅辭秘書長職務，僅保留資政一職。上海易手之前，吳忠信舉家遷往台灣，被推為中國國民黨中央非常委員會

委員，並任中國銀行董事、中央銀行常務理事。1953
年 7 月起，擔任中央紀律委員會主任委員。1959 年 10
月，吳忠信腹瀉不止，誤以為腸胃痼疾發作，未加重
視。不久病情加劇，乃送至榮民總醫院，診療結果為肝
硬化，醫藥罔效，於該年 12 月 16 日辭世。

二、《吳忠信日記》的史料價值

　　吳忠信自 1926 年任國民革命軍總司令部顧問時開
始撰寫日記，至1959 年辭世前為止，共有 34 年的日
記。其中 1937、1938 年日記存藏於香港，1941 年年
底日軍佔領香港時未及攜出而焚毀，因而有兩年闕佚
（1942.3.15《吳忠信日記》）。

　　《吳忠信日記》部分內容，例如《西藏紀遊》、
《西藏紀要》以及《吳忠信主新日記》曾先後出版，披
露其在 1933 年經英印入藏辦理達賴喇嘛坐床大典以及
1944 年出任新疆省政府主席之過程，其餘日記內容大
多未經公開。現在透過民國歷史文化學社的努力，將該
批日記現存部分，重新打字、校訂出版，以饗學界。這
批日記的出版，足以開拓民國史研究的新視角。

（一）蔣吳情誼

　　蔣中正與吳忠信的情誼在日記中處處可見。除眾所
周知的託其就近關照蔣緯國及姚冶誠一事外，蔣中正派
任吳忠信為地方首長的背後，也有藉信賴之人，安頓地
方、居間調處的考量。如吳忠信於 1935 年 4 月派為貴
州省政府主席，原以江南為實力基礎的南京國民政府，
得以將其力量延伸入西南，在當地推展教育與交通等基

礎建設，並透過吳忠信居間溝通協調南京與桂系關係，從日記中經常記述與桂系來人談話可見一斑。而陳誠此時以追剿為名，率中央軍進入貴州，在吳忠信與陳誠兩人通力合作之下，加強中央對貴州的掌控，為未來抗戰的後方準備奠立基礎。又如吳忠信於抗戰末期接掌新疆省務，以中央委派之姿取代盛世才為新疆省政府主席，一改「新疆王」盛世才當政時的高壓政策，採取懷柔態度，釋放羈押的漢、維人士，並派員宣撫南疆，圖使新疆親近中央，這都得是在蔣中正對吳忠信的高度信任下，才能主導的。當蔣中正於 1949 年 1 月下野，李宗仁代總統時，吳忠信居間穿梭蔣中正、李宗仁二人之間，由是可見吳忠信在二人心中的特殊地位。直至蔣中正於 1950 年 3 月 1 日「復行視事」，每個布局幾乎都有吳忠信的角色存在。

（二）蒙藏邊政

　　吳忠信長年擔任蒙藏委員會主任委員，關於邊疆問題的觀點與處置，也是《吳忠信日記》極具參考價值的部分。吳忠信掌理蒙藏委員會，恰於全面抗戰爆發前至抗戰末期，在邊政的處置上，期盼蒙、藏、維等邊疆少數民族能在日敵當前的情況下，親近中央、維持穩定。針對蒙藏，吳忠信各有安排，如將蒙古族珍視的成吉思汗陵墓遷移蘭州，以免日敵利用此一象徵的用心。對於藏政，則透過協助班禪移靈回藏（1937 年）、達賴坐床大典（1940 年 2 月）等重要活動，維護中央權威，避免西藏藉英國支持而逐漸脫離中央掌控。1940 年 5 月於拉薩設置蒙藏委員會駐藏辦事處是最成功的宣示，

力採「團結蒙古、安定西藏」的策略，穩定邊陲。吳忠信親身參與、接觸的人面廣泛，對於邊事的觀察與品評，值得讀者深思推敲。

（三）貫穿民國史的觀察

長達 34 年的《吳忠信日記》，貫穿了國民政府自北伐統一、訓政建國、抗日戰爭到國共內戰，以及政府遷台初期的幾個重要階段。透過吳忠信得以貼近觀察各階段的施政重心與處置辦法，以個人史或是生活史的角度，觀察黨政要員在這些動盪之中的處境、心境與動態。更能搭配其他同樣經歷人士的紀錄，相互佐證。

三、日記所見的個人特質

日記撰述，能見記主公私生活，從中探知其性格與思維，就日記的內容來分析，或許能得知吳忠信的個人特質。

（一）愛家重情

吳忠信的愛家與重情，有兩個層面，一是對於家族的關懷，一是對於鄉誼、政誼的看重。家人一直都是他的牽絆與記掛，他與正室王惟仁於 1906 年結婚，卻膝下無子。在惟仁的寬宏下，年四十迎娶側室湘君，1926年初得長女馴叔，嘗到為人父的喜悅。爾後湘君又生長子申叔，使得吳家有後，但沒過多久，湘君竟因肺炎撒手人寰，年方二十五，使得吳忠信數日皆傷心欲絕，在日記中曾寫道：「自伊去後，時刻難忘。每一念及，不知所從。」（1932.12.31《吳忠信日記》）爾後吳忠信經常前往湘君墳上流連，一解思念之情。湘君故後，吳

忠信又迎娶麗君（後改名麗安），生了庸叔、光叔兩
子。不過吳忠信與麗安感情不睦，經常爭執，在日記中
多次記下此事的煩擾。吳忠信重視子女教育，抗戰勝利
後，馴叔赴美求學，嫁給同樣赴美、專攻數量經濟學的
林少宮，生下了外孫，讓吳忠信相當高興。1954 年，
或因聽聞林少宮將攜家帶眷離美赴大陸，吳忠信並不贊
成，不斷去函馴叔勸其留在美國，如果一定要離開，也
務必來台。同年 8 月 6 日，吳忠信獲悉馴叔一家已經離
開美國，不知所蹤，從此以後，日記鮮少提到這個疼愛
的女兒。這一年年末在日記的總結寫道：「最煩神是
子女問題，尤其家事真是一言難盡。」表現出心中的
苦悶。

　　吳忠信相當看重安徽同鄉，安徽從政前輩中最敬重
的要屬北京政府國務總理段祺瑞，兩人政治立場並不相
容，但鄉誼仍重。吳忠信自段祺瑞移居上海後，經常從
蘇州前往探望，段祺瑞身故時，也親往弔祭。對於同
鄉後進，無論是在政界或是學界，多所關照，願意接
見、培養或是推介，因此深為鄉里所敬重。如 1939 年
在段祺瑞女婿奚東曙的引介下，會晤出身安徽舒城的孫
立人，在當天的日記中寫道：「〔孫立人〕清華大學畢
業後，赴美國學陸軍，八一三上海抗日之後，身負重
傷，勇敢可佩。此人頭腦清楚，知識豐富，本省後起之
秀。」（1939.9.28《吳忠信日記》）頗為欣賞。或許是
命運的作弄，當 1955 年爆發郭廷亮匪諜案時，吳忠信
恰為九人調查委員會的一員，於公不能不辦，但於私仍
同情孫立人的處境，認為他「一生戎馬，功在黨國，得

此結果，內心之苦痛，可以想見，我亦不願多言，是非曲直留待歷史批評」。

吳忠信同樣在乎的還有政誼，盡力多方關照共事的同事。如羅良鑑不僅是他生活的良伴，也是與他同任安徽省政府委員的至交，兩人都在蘇州購地造園，經常往來。爾後，吳忠信主政安徽省、貴州省與蒙藏委員會時，羅良鑑都是他的左右手，離任蒙藏委員會時，更推薦羅良鑑繼任。1948 年 12 月 21 日，羅良鑑夫婦自上海前往香港，飛機失事罹難，隔年骨灰歸葬蘇州。吳忠信在蔣、李兩方居間穿梭繁忙之際，特地回到蘇州參加喪禮，深為數十年好友之失而悲痛，可看出吳忠信個人重情、真誠的一面。

（二）做人做事有志氣有宗旨

吳忠信曾經在 1939 年元旦的自勉中，自述「余以為做人做事，必有志氣，有宗旨，然後盡力以赴，始可有成。」另亦述及「自入同盟會、中華革命黨而迄于今，未敢稍渝此旨。至以處人論，則一秉真誠，不事欺飾，對於人我分際之間，亦嘗三致意焉。」這是他向來自持的。就與蔣中正的關係而論，自詡亦掌握此一原則，他在同日又記下：「余與蔣相處，民十五後可分三個階段，由十六年起至十八春出洋止，以革命黨同志精神處之；由十九年遊歐美歸國起至二十一年任安徽省主席以前止，則以朋友方式處之；由安徽主席起以至于今，則以部屬方式處之。比年服務中樞，余于本身職掌外，少所建議，于少數交遊外，少所往還，良以分際既殊，其相處之標準，不可不因之而異也。余在過去十二

年來，因持有上述之宗旨與標準，故對國事，如在滬、在平、在皖、在黔及目前之在蒙藏委員會，均能振刷調整，略有建樹，絲毫未之貽誤；對友人如過去之與蔣，雖交誼深厚，然他人則與之誤會叢生，而余仍能保持此種良好關係，感情日有增進，而毫無芥蒂。……即無論國家之情勢若何，當一本過去，對國竭其忠、對友竭其力，如此而已。概括言之：即「救國」、「助友」兩大方針是也。」

由此可知，在吳忠信待人之原則，必先確認兩人之關係，進而以身分為斷，調整相待之禮。他長時間服務公職，練就出一套為公不私的原則，經常在日記中自記用人、薦人之大公無私，此亦為其「救國」、「助友」之顯現，常以「天理、國法、人情」與來者共勉。

四、結語

吳忠信於公歷任軍政要職，於私是家族中的支柱。公私奔忙之餘，園藝之樂，或許才是他的最愛。他常在一手規劃的蘇州庭園裡，親自修剪、堃土，手植的紫藤、楓樹、柳樹、紅梅、白梅等在園中，隨著季節的變化而映放姿彩，園林美景是他內心的慰藉。吳忠信1949年回蘇州參加羅良鑑夫婦葬禮後，短暫地回到自宅園林，感嘆地寫道：「園中紅梅業已開散，白梅尚在開放，香味怡人。果能時局平定，余能常住此園以養殘年，余願足矣。」（1949.2.21《吳忠信日記》）可惜，這是他最後一次回到蘇州，之後再無重返機會，願與天違。

　　這份與民國史事有補闕作用的《吳忠信日記》並非
全出於其個人手筆,部分內容為下屬或親屬經其口述謄
寫而成。1940 年,他就提到:「余自入藏以來,身體
時常不適,且事務紛繁,日記不時中斷,故託纕蘅兄代
記,國書姪代繕。」(1940.1.23《吳忠信日記》)且在
記述中,也有於當日日記之末,囑咐某一段落應增添某
公文,或是某電文的文字,或可見其在撰述日記之時,
便有日後公諸於世的預想。或許是如此,吳忠信在撰寫
日記時,不乏為自己的行動辯白,或是對他人、事件之
品評有所保留的情況,此或許是利用此份日記時須加以
留意的地方。

編輯凡例

一、　本社出版吳忠信日記，起自 1926 年，終至 1959
　　　年，共 34 年。其中 1926 年日記為當年簡記，兼
　　　錄 1951 年補述版本；1937 年至 1938 年於太平洋
　　　戰爭爆發後，其家人逃離香港時焚毀，僅有補述
　　　版本。

二、　古字、罕用字、簡字、通同字，在不影響文意下，
　　　改以現行字標示。

三、　日記中原留空白部分，以□表示；難以辨識字
　　　體，以■表示。編註以【】標示。

四、　吳忠信於書寫時，人名、地名、譯名多有使用同
　　　音異字、近音字，恕不一一標註、修改。但有少
　　　數人名不屬此類，為當事人改名者，如麗君改名
　　　麗安、曾小魯改名曾少魯等情形，特此說明。

附圖

吳忠信入藏路線圖（1939-1940）

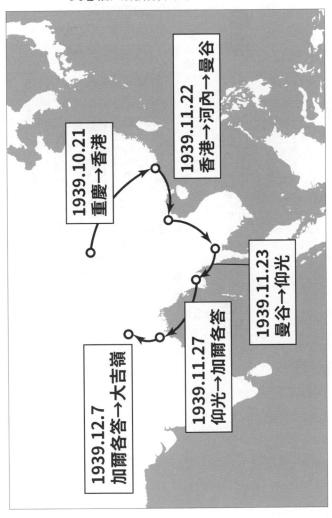

吳忠信入藏路線圖（1939-1940）續

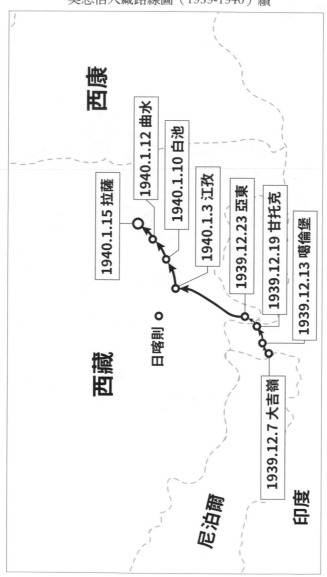

目錄

1937 年（民國 26 年）　54 歲

　　民國二十六年、二十七年原有簡單日記，因內多關于蒙藏記載，故于廿八年入藏時隨身攜帶，以備參考。迨過香港時感覺攜帶頗為不便，乃將此兩小冊留在香港家中保存。民國三十年日軍佔領香港，麗安等恐日軍檢查家中，乃焚燬之，殊為可惜。現在只能用回憶與調查當年大概情形耳。

七七盧溝橋事變中國堅決抗日

　　七月七日夜間，日軍在宛平縣屬盧溝橋附近舉行夜間演習，藉口搜查失蹤一兵士，襲擊我宛平城。我駐軍吉星文團長以守土有責，奮起還擊。中日八年大戰從此開始，而演成世界第二次大戰。

　　時屆暑期，行政院各部會長官均遷往盧山辦公，七七事變局勢嚴重，行政院長兼軍事委員會委員長蔣公召集行政院院務會議，決議對日抗戰。我等各部會長官即于七月十三日連袂回京，蔣院長發表對外聲明，堅決抗日，誓不屈服。

　　日本軍閥明瞭中國不肯屈服，駐華北日軍司令致最後通諜于宋司令哲元，隨即進攻駐通州中國軍隊，飛機出動轟炸廊房兵營。我軍于八月四日放棄北平，從此華北非我所有矣。

淞滬失利政府遷渝南京棄守

　　八月十日下午，上海虹橋日軍與我衝突。八月十三

日上午九時，淞滬戰役正式開始，敵人飛機出動，盲目亂炸，死傷慘重。八月十四日，敵我空軍首次交戰，我空軍大獲勝利，所以後來以八月十四日為空軍節。

敵軍以陸海空三軍壓倒優勢，用猛虎搏兔方法向我軍進攻。我軍士氣甚旺，前仆後繼，寸土必爭，以肉彈對鋼彈，其犧牲精神可歌可泣。益以敵人火力猛烈，不得已由吳淞砲台灣轉移至瀏河之線。嗣敵人集合機械化部隊實行中央突破，此新戰線亦不能保。再轉移陣地，但敵人援軍又在杭州灣北岸金山衛登陸，撫我側背。至十一月九日，松江被陷，我軍乃于是日下令上海全線撤退。此後敵人陸續增援至三十萬人，我軍亦以主力使用于淞滬，相持三個月，殊出日人意料所不及，亦為國際所重視，從此提高中國軍事的聲威。此後日本損失六萬人，中國軍隊死傷當然也是很眾。

當淞滬大戰三個月時間，首都南京人心異常沉著。自八月十五日起，敵機首次襲京後，每日來襲幾無間斷。京中各機關辦公時間改為夜間，首都臨時所建防空壕，大都祇是在壕上蓋木板加鋪薄土，簡陋異常，只能防炸彈破片。各機關為避免空襲起見疏散辦公，蒙藏委員會遷至中華門（即南門）西面花露岡，余亦住此，因地憑城垣，尚屬安全。

中央政府遷重慶，蓋自淞滬失利後，敵人繼續進佔蘇州，另部敵軍向吳興、泗安、廣德前進，皖南吃緊。余于十一月十六日午後四時陪同章嘉呼圖克圖晉謁蔣委員長，章嘉新近由五台來京報告山西敵人情形。章嘉先退，余與蔣委員長談當前軍事，余曰：「守南京必定要

能守皖南，尤其要能守江陰、常州、吳興一線，否則政府必須從速遷移。」蔣曰：「預備遷移。」余又曰：「關于遷移地點議論紛紛，有主張在廣州者、在西安者、在武漢者、在四川者。我的意見因為南京不安全，所以要遷都，故以遷到最安全的地方為原則。為持久戰，我以遷到四川為妥，但成都與重慶都是可以的，或先到重慶再說。」蔣曰：「一定遷重慶，以後不再遷移了。」接著又曰：「明晨開會決定。」余曰：「既如此，余即將經廣西赴渝，觀察西南形勢。」蔣表示贊成。次晨（十一月十七日），在鐵道部地下室召開國防會議，決議遷都重慶。

　　南京棄守，因吳錫、江陰繼蘇州而失守，皖南廣德、宣城一帶亦為敵佔領。敵海軍沿江而上，南京震動。十二月四日，敵以主力沿京滬路，一部沿京杭路，出現于秣陵關及句容。至十二日雨花台不守，遂下令放棄南京。我軍因退路全失，守城部隊壯烈犧牲。敵佔南京後大肆劫掠，屠殺奸淫無所不為。我無辜民眾及徒手兵士用繩索綑綁，每百人或數百人連結一團，用機關槍掃射，或用火油焚燒。其強姦婦女難計其數，在一日之間竟有將一個婦女強姦至三十七次者，被姦之婦女其年有僅十二歲。同胞被其殘殺者，估計所及當在十萬以上。此等慘痛，吾人子子孫孫永世難忘。日寇雖在南京獲勝利，永遠留下一個野蠻的汙點，當時適有若干中立外國觀察家留在南京親自所睹者，後來將日軍野蠻情形向世界公佈。

　　有一位大坂朝日新聞記者談到他對於本國軍隊的感

想，他說：「日軍此次作戰雖佔優勢，但軍隊本質已壞，無法救治。無論上海、南京、蘇州、杭州，日本官兵紀律之壞，無以復加。遇見女人，不問老幼，任意奸淫，強姦之後加以慘殺。逢到壯丁，更是一律殘殺。種種慘酷行為，全無人道。到一城鎮任意劫掠，搶了東西還要焚燒房子。上行下效，無法約束，這實在是日本最大的隱憂。」

因日本侵略促成國內大團結

自戰事發生，余迭電李宗仁諸同志擁護抗日，彼等一致贊成。李宗仁、白崇禧、陳濟棠先後來京共赴國難，並調廣西廖磊、韋雲松等軍參加淞滬之役，李宗仁受命統率南京以北津浦線軍隊之重要任務。余歷來主張團結禦侮于以完成，其他前與中央不合作領袖們，中央歡迎加入政府，畀予重位，一切派系意見概予遏止。全國無條件大團結，其新興氣象為從來所未有。

余由南京陸路赴重慶

余既認為抗日必須以西南各省為持久戰根據地，為澈底明瞭西南現實情形，故于中央十一月十七日決定遷都重慶後，余即于是日偕周昆田、張國書乘汽車離京，循京贛國道，經湘、黔各省赴渝，行政院秘書徐道鄰、徐象樞諸君與我們同路赴渝。過蕪湖時，與倪校長世雄通電話，告以準備撤退。過宣城時，天植姪等來見。天植現任宣城中學校校長，告以敵人進攻南京必定先佔宣城，敵人如聞中央政府遷移，即將轟炸宣城，從速準備

撤退。天植答曰不論時局如何危急，當盡量設法將學生
交還家長，如遠道不能回家，則集體撤退至安全地方。
余極贊成，天植此種處置，切合時宜。余等繼續前進，
是晚宿績溪縣。十一月十八日清晨出發，過歙縣，遠看
黃山群峰競秀，惜未能前往一遊為憾。是晚宿江西景德
鎮，此地方乃世界文明中國磁器出產地。十九日午後抵
南昌，因修理汽車，在南昌耽隔一日。敵人于二十日轟
炸宣城，友人張我華等遇難。

　　十一月廿一日清晨由南昌出發，午後抵長沙，湘黔
鐵路工程處總工程師裴益祥（季浩）來告湘省情形。

　　十一月廿二日晨由長沙出發，裴益祥親自陪我們赴
桂，深恐沿途不靖，並派衛士隨行。是晚宿衡陽友人謝
炎煊（文炳）家中，其招待殷殷。謝氏係余前在廣東時
軍隊老同事，感情素篤。廿三日晨由衡陽出發，午後抵
桂。黃主席旭初與黨政軍各當局及友好出城郊迎，無任
感荷，遂下榻樂群社。

　　本擬在桂林小住即行，因接考試院戴院長季陶兄由
南嶽至黃主席電，約余留待一同入黔。其原電：「桂林
黃主席旭初兄並轉吳委員長禮卿兄：弟本日抵南嶽，至
多五日後可抵桂林轉赴貴陽，禮卿兄能留待同行否？均
盼電示。弟戴傳賢叩。敬（廿四）。」除黃主席于廿六
日復電歡迎外，余即復電在桂等候同赴貴陽，請即日起
程云云。戴院長于十一月卅日午後二時抵桂林，余與桂
林名流「呼為桂林三傑」之馬君武、鄧家彥（孟碩）、
王季文（乃昌）及黨政軍當局出城郊迎。

　　自十二月一日至十二日記載，係參考戴院長隨從秘

書陳天錫兄（號伯稼）逐日之日記，所以較為詳盡。
一、二兩日陪戴院長游覽獨秀峰、疊綵山木龍洞、伏波
山環珠洞、良豐花園等名勝，這都是民國十年余駐軍桂
林舊游之地，回憶當年，青山依舊在，人事已滄桑。

十二月三日早六時，偕戴院長及陳天錫、周昆田、
張國書諸君首途赴黔省府，諸君及友好送行者甚眾。下
午二時抵柳州，住樂群社。戴院長以連日疲勞，擬明
（四）日在柳州休息一天。

十二月五日，天陰。午餐後起程，四時抵慶遠，宿
慶遠樂群社。

十二月六日星期，天晴。未明即起早餐，七時起
程，在河池縣早餐。下午過南丹縣，未停。四時到六
寨，即在車站住宿。貴州省政府派視察萬中權等帶保安
隊在此迎護。

十二月七日，天陰。未明即起早餐，黎明起程，午
抵獨山縣午餐。下午四時半抵都勻縣，住宿縣城之中學
校。本日路程較短，但因路爛難行，損壞乘車機件，修
理耽延時間。

十二月八日，天陰。黎明早餐後起程，午抵貴定
縣，下午三時半到達貴陽城。因余曾任貴州省主席，黨
政軍及各機關多係余舊日同事，又因戴院長初次蒞黔，
彼等出城熱烈歡迎，無任感荷。下榻行營。

得悉班禪大師月之一日在玉樹圓寂，遂與戴院長去
電弔唁。其電文云：「玉樹西陲宣化使行轅秘書長暨趙
專使鑒：昨晚由京到達貴陽，驚悉班禪大師在行轅圓
寂，不勝哀悼。一切飾終辦法，國府必有隆典，謹先電

唁，俟到達重慶後，當再行電聞。戴傳賢、吳忠信。
佳。」蓋班禪在佛教地位崇高，素為中央所優遇，中央
必須派大員前往致祭。因戴院長係班禪弟子，余主張由
蒙藏委員會呈請中央派戴院長前往致祭，戴甚表贊同。
此次道經廣西，因李德鄰、白健生均在前方指揮軍事，
未得見面。德鄰特來支電，表示未能親在桂林歡迎余與
戴院長。覆電如下：「徐州李司令長官德鄰兄惠鑒：支
電敬悉。此次觀光桂省，諸般建設綱舉目張，樸實嚴
肅，上下一心，隨地表現。而目下出師抗日源源不斷，
亦實由此造成，曷勝佩仰，謹電奉布。健生兄處並祈轉
達鄙忱，因未悉行跡何處也。弟戴傳賢、吳忠信叩。佳
自貴陽發。」

　余此次在桂省耽隔十日，與各方人士不斷接觸，交
換意見。深知桂省民生安定，秩序良好，軍民合作，堅
決抗日。在此非常時期，有此非常精神，堪為國家民族
慶。隨將廣西與貴州安定情形、抗日精神電報蔣委員
長，以釋遠念。

　十二月十日，天陰。上午七時出發赴渝，貴陽黨政
軍各當局送出城外。十一時到養龍場午餐。至下午一時
半渡烏江，河寬而水急，約二小時始渡畢。到遵義城已
五時餘，是晚宿江公祠。

　十二月十一日，天陰。未明即起，黎明早餐，起
程。十一時抵桐梓縣，午餐後繼續前進，有高山峻嶺，
頗覺難行。而最高之花椒坪者，雲霧濛濛，又多萑苻出
沒。午後四時半抵松坎，即宿于此。黔省派萬視察中權
率隊沿途護送，亦止于此，以過此不遠即屬于川省之綦

江縣界也。

十二月十二日黎明出發，路徑仍多高山，傳聞匪風甚熾。午間抵綦江，在孔廟中餐後就道，下午五時後到重慶之南岸海棠溪。考試院及蒙藏委員會同人及向育仁、曹纕蘅、謝鑄陳、許靜芝諸位與夫各機關人員迎候者亦多，隨即渡江。余寓兩路口新村五號，戴住陶園。最不幸的，南京于今（十二）日放棄。

惟仁夫人等由廬山轉赴重慶

惟仁夫人于七月初旬偕馴叔、申叔兩兒赴廬山避暑。文叔姪時在日本讀書，感覺中日大戰勢所難免，乃間程返國，于八月八日至南京，余命之即往廬山。迨上海國軍轉進，首都已受威脅，余即電告惟仁夫人等從速準備入川。十一月十六日，惟仁夫人偕文叔、馴叔、申叔及叔仁與其家眷下山至九江。十七日夜，自該處乘公和輪赴漢口。是時沿江居民紛紛內遷，水陸交通空前擁擠。公和輪滿載難民，食料大感困難，偶獲一碗飯分給馴叔、申叔二人充飢，都屬不易，因他二人特別肚餓。至十八日晚到達漢口，住了數日，搭監察院與蒙藏委員會差輪民本號入川。舟行旬日，于十二月四日始平安到達陪都重慶，租住兩路口新村五號（孔德成奉祠官、王寵惠先生均住新村），約旬日後移住黃山，戴院長亦移黃山。請周昆田為馴叔補習國文、英文、數學。即在黃山過舊曆年，並招待國民政府林主席子超先生遊覽黃山，在余寓午餐，主席精神矍鑠，為國事之樂觀象徵。又在黃山寓所招待西藏攝政熱振呼圖克圖、重要代表龍

圖嘉錯及大喇嘛貢覺仲尼及藏代表等，談中央西藏關
係，頗有進展。他們無意中見寓中惟仁夫人靜修佛堂，
予彼等深刻印象。

　　嗣以蔣委員長將來渝，決定以黃山為官邸，戴院長
季陶回住陶園，余家遷化龍橋。

　　方叔姪本留居蘇州寓所，迨淞滬撤守、蘇州危急，
余託管理作戰後方交通陸福廷兄予以幫助。陸令其部下
必須候吳方叔到達後，最後撤離蘇州火車始准開出。當
時蘇州秩序已亂，城門時閉時開，方叔想盡方法始得出
城，至火車站搭最後一班火車撤退南京，隨即平安轉來
重慶。陸福廷兄為人誠實，能在危急中幫忙方叔，致深
感佩。

麗安女士赴滬光叔兒出生轉遷香港

　　日軍在華北得手後，目標轉移上海，其戰事有一觸
即發之勢。而麗安女士懷孕，將于九月間分娩。余有鑑
于民國廿一年一二八淞滬抗日期間，正是羅湘君女士在
蘇州產生申叔兒之際，人心惶惶，不可終日，因此羅女
士產後失調不幸逝世，故決定將麗安等遷移比較安全的
上海外國人租界。適內弟沈兆麟肄業于北平燕京大學，
受戰事影響趕回蘇州，于是麗安于八月二日偕兆麟弟、
庸叔兒赴滬，租賃法租界劍橋閣房屋居住。余亦于八月
二日午後離開蘇州，當時陳光甫兄住在余家，與近鄰羅
佶子諸先生都認淞滬不致發生戰爭，余則強調必將發生
戰事，促其快快遷移。羅家遷移較遲，後來相當吃虧。

　　八月十三日，中日淞滬大戰爆發，敵機投彈有落入

租界者，人民時有傷亡。平日視租界為安全樂土者，今
則一夕數驚，大感不安。我空軍因初期作戰消耗太大，
補充不易，上海制空權盡落敵手，我空軍只能夜間冒
險出動擊炸。麗安女士于九月十八日夜十一時產生光叔
兒，即農曆丁丑年八月十四日亥時。當時正是國軍飛機
夜襲黃浦江中敵海軍，發生大空戰，炸聲如雷，屋瓦動
搖，炮火連天，閃光耀目。所以光叔兒出生後手足不時
驚動，這是孕婦產前恐怖之原因。又以丁丑年，丑屬
牛，故光兒乳名牛弟。

　　嗣以我軍放棄上海，繼又放棄南京，麗安等乃于
十二月十六日與吳少祐兄家眷一同乘輪赴香港，租香港
贊善里二號房屋居住。

最大不幸敬叔姪病故廬山

　　敬叔姪本肄業北平輔仁大學三年級，七七事變後，
敬叔由北平危急之中脫險，赴廬山。

　　八月廿五日道叔姪自京過九江赴南昌時，伊與文叔
姪聞訊，于是日午後同往九江會晤，往返步行凡數十
里。次日尚遊廬山名勝，廿七日起精神稍呈萎頓。初請
國醫范石生為治，認係感冒，服藥數日未見功效，亦無
嚴重象徵。至九月三日晚突發高熱至 104 度，四日起請
西醫吳達表診治，認或係感冒，六日病勢漸加重，熱度
仍在 103 至 104 之間。是日下午即投住牯嶺醫院，並由
吳醫生診治。入院後為之驗血洗腸，發現白血球只有
五千餘個，大便中夾有血塊甚多，吳醫師認為腸已斷
裂，須行手術，又與其他醫師研究，次日即決定暫毋需

開刀。八日道叔由南昌趕至廬山，其時病無變化，僅熱度忽高忽低。九、十、十一，三日情形相似，十二日上午熱度降低，但自午後起腹部忽而作痛，胸部脹塞。至十三日病無起色，上下氣難以銜接，熱度升降毫無規則，但尚不斷言腸已斷裂也。十四日上午經數醫會診，始認腸部斷裂，上下氣在腹膜內，雖經抽排，毫不生效，藥力又不能達，群醫相對無策。此時敬叔姪病雖已進入強弩之末，但神志極其清楚，他向惟仁老太太曰：「嬸嬸，我眼一閉起即是另外一個世界，現在不敢閉眼，要快想方法呀！」老太太答曰：「我們是在想方法，你安心吧。」延至十四日午後一時許逝世，得年二十五歲，棺柩託九江警備司令陳鳴夏先生代寄，停普潤寺內（後由道叔移至九江市外某地安葬）。惟仁老太太始終目睹敬叔病逝情形，悲感萬分，以淚洗面，其傷痛非筆墨可以形容者。敬叔品格端方，體魄素健，有膽有識，為我與惟仁夫人在子姪中最歡喜的一個，正期教育成人，何天不佑。如此青年如此短命，誠吳門之大不幸，亦余個人大損失，嗚呼痛哉。就敬叔病逝經過情形而論，可能是傷寒症，其致病之遠因由北平冒險南返，近因數小時往返九江晤道叔，上下山都是步行。假定沒有七七事變，敬叔不會冒險來廬山，道叔不會到南昌過九江，歸結言之，敬叔之死實死于日本小鬼侵略之手。這個記載有係文叔筆記，有係惟仁夫人口述。

附記余兩次夜夢脫牙語天幹、敬叔兩姪之逝世

嘗聞人云「夢牙落則傷六親」，余從不信夢驗，然

以生平經驗，亦不能無疑。余上右門牙于民國五年陳英
士先生在滬遇刺時避彈碰脫，繼補一磁牙。民國廿二年
因事留香港，忽夜夢此牙脫去，當時恐吞入腹，意頗
急，及驚醒，牙固未動。不意未隔多日，而得天幹姪在
皖病故之訊。若敷會言之，所脫去為假牙，而傷亡者為
姪輩也。

　　本年（廿六）秋，余在南京又夢右上第三牙脫去，
無血而餘筋未斷，牽繫甚長。余意以一手指將之納入原
處，但仍動搖欲墮。迨醒後，牙好如常。及敬叔姪在盧
山患病甚劇，余心憂之，然以夢如果驗，則脫牙之後嵌
入原處，當應無生命之虞。因告左右，敬叔病雖嚴重，
可不致死，詎料後竟逝世。或以脫去而再嵌入，即成
假牙，所驗者仍為姪輩耳。姑記之，以待將來科學證
明之。

1938 年（民國 27 年）　55 歲

民國廿七年日記既在香港家中與廿六年日記同時焚去，已在上年記載說明，茲不再贅述。現在只有仍用回憶與調查廿七年之大概情形。

行政院改組余由渝飛漢口

一月一日，國民政府改組行政院，准蔣委員長辭行政院長兼職，以孔祥熙繼任行政院長，張羣任副院長，翁文灝任經濟部長，張家璈任交通部長，陳立夫任教育部長，其他軍政何應欽，內政蔣作賓，外交王寵惠，蒙藏委員會吳忠信，僑務委員會陳樹人均仍舊連任，海軍部裁撤。

孔院長迭次來電促余赴漢口，余偕周昆田前往漢口，下榻舊法租界羅吉飯店，楚明善、吳魯書等乘輪赴漢口，在舊日租界大正街十號組織蒙藏委員會駐漢辦事處。

出席臨時全國代表大會

三月廿九日在武昌召集本黨臨時全國代表大會，大會議場設于珞珈山武漢大學禮堂，出席代表及我等中央執監委員共五百餘人。大會收穫甚豐，其重大決議有：
一、推舉蔣公為本黨總裁，蔣公建議推汪精衛為副總裁；
二、制定抗戰建國綱領；
三、設立國民參政會，網羅黨內外賢才，為全國最高民意機關；

四、設立三民主義青年團，以培育本黨新生力量，其後
　　乃有十萬青年之壯舉。

中央政府自武漢撤退集中重慶

　　日軍攻陷南京後，敵欲乘機迫我屈服，而未能如
願。復先後佔據華北、西北各重要城市，而鄭州、徐州
之戰略要地亦在敵手。我軍雖獲得一次世界稱許的台兒
莊最大勝利，亦不能挽回武漢的命運。但在心理上，台
兒莊之役于中國士氣莫大鼓勵，並稍慰八閱月來全國同
胞之期望。至六月間敵軍攻陷安慶，迫近九江，對武漢
的包圍形勢已成。七月中旬，國防會決議中央國府各機
關人員集中重慶。

　　余偕周昆田于八月廿七日乘水上機飛渝，與僑委會
陳委員長樹人同行，陳氏在機中吟哦不絕。抵渝後仍
住兩路口新村五號，蓋惟仁夫人以先期由化龍橋搬回
五號。

　　日本軍閥見中國革命後建設突飛猛進，坐臥不安，
實行威脅利誘，不戰而屈服我之戰略。萬想不到我堅決
抵抗，不能遂其目的，不得已動員海陸空三軍主力，欲
求速戰速決的戰略又成幻想。中國為持久戰戰略，以空
間換取時間，集小勝而成大勝，引敵人深入內地，敵愈
深入，我愈有利。自七七蘆溝橋事變至武漢放棄，其中
經過一年多時間，更見敵人戰略失敗，而中國戰略完全
成功，益使世界震驚，重新估計中國力量。

中央派戴院長傳賢致祭班禪大師

自蘆溝橋七七戰事發生，奉政府命以避免對英外交之刺激，轉告班禪大師暫緩回藏時，班禪大師已快抵黑河，祇得退駐玉樹。不料昨年十二月一日，班禪大師在玉樹圓寂，當時余與戴院長正在經黔赴渝途中，即由貴陽共同去電弔唁，並徵得戴院長同意代表中央前往致祭。嗣由蒙藏委員會請行政院轉請國民政府發佈明令。

廿六年十二月廿三日，國民政府令特派考試院院長戴傳賢前往康定致祭護國宣化廣慧圓覺大師班禪額爾德尼。

同日國民政府令襃揚大師，照錄如下：

國民政府委員西陲宣化使、護國宣化廣慧大師班禪額爾德尼，覺性圓明，志行精卓。早歲翊贊統一，懋著功勳，比年闡教西陲，勤宣德化，邊民感戴，稱頌翕然。眷懷勳勩，震悼彌深，應予特令襃揚，追贈護國宣化廣慧圓覺大師封號，並著給治喪費一萬元。特派考試院院長戴傳賢前往康定致祭，用示國家篤念殊勳之至意。此令。

改令戴院長至甘孜致祭之經過，查班禪大師在玉樹圓寂後，為保護靈櫬及行轅人員安全及減少拉薩政府誤會計，中央擬將靈櫬及行轅人員移住康定。惟班禪行轅人員不肯東移，祇肯移至甘孜。但國民政府既有前令戴院長前往康定致祭，不便明令取銷前令，不得已由國民政府文官處於四月八日函戴院長奉主席諭改往甘孜致祭班禪大師。

四月十九日戴院長由重慶飛成都籌備，五月廿九日

戴院長由成都起程，即日抵雅安。六月一日由雅安出發，九日抵康定，因補充行裝等待牛馬運輸，時將間旬。臨行前三日，在康定乘馬為丁傑呼圖克圖送行，為前行之馬踢傷左足踝，在康定醫治逾半月。至七月十六日，力疾北進，其時上下輿馬仍需人扶掖。八月五日行抵甘孜。

八月八日為戴院長致祭大師之期，先日布置甘孜寺大殿為禮堂，派定陪祭人員為護送班禪大師入藏專使趙守鈺、駐軍第廿四軍師長唐英、行轅總參議向傳義、行轅祕書長許崇灝四人，與祭人員為行轅簡任人員及當地縣長、軍隊長官。致祭典禮必誠必敬，禮成之後，繼以布施，官民僧俗人等莫不歡悅，感激中央敬教懷遠之至意。

八月廿三日戴院長由甘孜南歸。九月四日至康定，十日由康定東歸。十九日抵雅安，以創傷纏綿至五十餘日之久，中間因傷致病，更兼不服水土，身體虧耗，困乏特甚，留雅一週。九月廿六日回抵成都，病體未愈，暫留成都休養。十二月六日自成都飛回重慶。

戴院長此次離渝致祭班禪，其時間凡七閱月餘，其經過途中或重山峻嶺，或懸崖峭壁，其道路難行，氣候惡劣，所在皆是。尤以康定至甘孜十二站沿途人煙稀少，來去幕營，此十二站一切運輸全恃騾馬旄牛馱載，如此長途跋涉，備極艱辛。而戴院長左足踝為馬踢傷，更使余大感不安，苟非余主張往祭班禪，又何致遭此危險乎？好在戴院長篤信佛教，又為班禪唯一弟子。今雖艱險備嘗，但已達成任務，于內心或可稍慰于萬一耳。

　　上項記載係參考戴院長隨從秘書陳伯稼先生日記者。

道叔姪與虞積芳女士結婚之經過

　　虞積芳小姐偕襄叔姪女由合肥脫險至漢口，適道叔姪在漢口，虞小姐舅父裴季浩兄亦在漢口。裴提出道叔、積芳婚事，余因係鄉鄰，且積芳性情樸實，余亟贊成，但道叔不以為然，未得結果，積芳未免失望。嗣後他們先後到達重慶，余常告道叔曰：「你須娶一位身家清白、吃苦耐勞，而能伺候你的母親，才是你幸福。」又經惟仁夫人及叔仁叔、天植、文叔、襄叔諸姪一致主張他們二人結婚，就是最小妹妹馴叔，最小弟弟申叔亦表贊同。道叔是一個忠厚人，至此毅然接受家庭意見，大約八月底九月初舉行婚禮。此乃天假之緣，得以圓滿成功。

申叔迭次生病文叔亦患痢疾

　　大約在今年春季，申叔不斷發熱，某日忽兩眼直視，不省人事，稍頃轉醒。至九月初旬，忽患細菌痢疾，經周倫、單問樞兩醫師診治，約旬日始愈。同時文叔姪亦患痢疾，亦甚沉重，亦經單醫師醫愈。據文叔云此次痢疾因由于道叔結婚宴席中吃冷盤食物之故也。據周倫醫師云申叔不時傷風，不時發熱，固屬身體抵抗力不強，根本原因乃係喉中扁桃腺發炎之所致，主張割去此扁桃腺，故于十月中旬施行手術，頗為順利。不料當時敵人往往在夜間空襲重慶，每次空襲，申叔由工友安金生等由醫院背負奔逃入防空洞，身體大受影響。以七

歲小孩如此吃虧，當然影響將來，也是因抗日期間財力
不足，營養不夠，與遷移不定，衛生不周種種之故也。

國民政府派余會同熱振呼圖克圖主持第十四輩達賴轉世事宜

關于第十四輩達賴轉世事宜，不但有關對藏主權，
尤關對英外交，真可謂關係重大，情形複雜。惟第十四
輩達賴轉世靈童，業經西藏派人在青海尋獲，西藏駐京
代表初猶隱瞞，經切詢乃實告。蓋西藏原欲避開中央，
自行辦理此事，嗣因尋獲靈童既洩，西藏政府始飭駐京
代表報告中央，略謂在青海、西康、西藏各尋得靈童一
名，並請中央電青海省府即送該靈童赴藏。于是余一方
面報告行政院，一方面與西藏洽商轉世及坐床手續。余
處理此案以顧全中央主權，不違背向例為原則，最重要
一點，最初西藏表示拒絕中央派員前往，經無數次之磋
商，勉強歡迎余會同熱振呼圖克圖主持此事。

十二月三十日國民政府明令：「特派余會同熱政呼
圖克圖主持第十四輩達賴轉世事宜。此令。」命令雖已
發表，能否前往尚在未定之間，祇得謹慎應付，以期有
成。其關於此案之前因後果，以及其他種種重大複雜情
形，非短篇可以說明者，擬暫從略，容當另記于入藏一
般之經過與入藏日記之中。

本年結論

一、在民國四十二年（七十歲）回憶民國廿七年（五
十五歲）事件真是不易，以現在記憶力與十五年前

記憶力相比較，實有天壤之別，所憶出者寥寥無
幾耳。

二、就抗日言，我軍雖于本年冬先後放棄廣州與武漢，
但予敵人重大打擊與死亡，益使我軍民人等堅定抗
日之信念。

三、就主管之蒙藏委員會言，其王公、活佛紛紛來京
覲見，誠懇表示邊地同胞一致擁護中央與抗日之
決心。

四、就私事言，煩惱特多。如蒙藏委員會被資遣職員
賴棣華挾怨控告吳魯書、張國書兩科長于渝地方法
院，經趙副委員長調解了事。其他如申叔兒不斷患
病與夫種種不愉快的事，為從來所稀有者。

1939 年（民國 28 年）　56 歲

1 月 1 日　星期日

元旦自勉

余以為做人故事，必有志氣，有宗旨，然後盡力以
赴，始可有成。憶余早歲讀書時，即每懷救國之志，壯
從孫中山先生致力革命，幸救國之有途，爰矢忠勤，百
折不回。自入同盟會、中華革命黨而迄于今，未敢稍
渝此旨。至以處人論，則一秉真誠，不事欺飾，對於人
我分際之間，亦嘗三致意焉。遠者姑不具舉，即以民國
十五年以後言之：民十五北伐軍抵南昌，余應蔣總裁約
晤于軍次，告以余之出處標準：

（一）在黨務上只可戴一中央黨部；

（二）在政治上只能戴一中央政府；

（三）本黨有兄治軍足可應付，我此後更不再帶軍隊；

（四）當總理逝世後，我輩均有領袖資格，今兄既以
　　　奮鬥而成領袖，我輩只有擁戴云云。

迨民十六為安定戰後之上海，充任警察廳長，聲明
以三個月為限，以其非余志也。民十七任北平行營主任
及裁兵主任，于編遣事竣，即呈請結束。二十四年因調
整中央與廣西間之關係，充任黔省主席，聲明效用一過
即去職，逮中央與桂省關係變更，余即立刻離黔。又在
黔時，被命兼攝綏靖主任，余亦堅辭。凡此諸端，余均
于臨事之先，即立一堅定宗旨，繼後則立求實踐，期能
合夫初衷而已。

余與蔣相處，民十五後可分三個階段，由十六年起

至十八春出洋止，以革命黨同志精神處之；由十九年遊歐美歸國起至二十一年任安徽省主席以前止，則以朋友方式處之；由安徽主席起以至于今，則以部屬方式處之。比年服務中樞，余于本身職掌外，少所建議，于少數交遊外，少所往還，良以分際既殊，其相處之標準，不可不因之而異也。余在過去十二年來，因持有上述之宗旨與標準，故對國事，如在滬、在平、在皖、在黔及目前之在蒙藏委員會，均能振刷調整，略有建樹，絲毫未之貽誤；對友人，如過去之與蔣，雖交誼深厚，然他人則與之誤會叢生，而余仍能保持此種良好關係，感情日有增進，而毫無芥蒂。由于此種之收獲，更可證明人之立身處世，必須定一時時遵守之宗旨也。現值此空前國難，將來如何演變，固不可知，但個人出處，尤應重加檢討。即無論國家之情勢若何，當一本過去，對國竭其忠、對友竭其力，如此而已。概括言之：即「救國」、「助友」兩大方針是也。余今年五十有六矣，猥以菲材，忝躋高位，享受優越，社會國家之所賜，固已厚矣。倘不及此餘年，力圖報效，則不僅無以對國，亦且無以對己，即余之子孫，亦耳濡目染，將以為余之妄食國祿出于當然，予以婾惰之榜樣，而不知自振，其貽害豈可勝道哉！故余所以重申前旨，以救國、助友為今後出處之兩大方針，凡可以合此方針，則余必竭其赤誠，黽勉以赴，任何艱鉅，均所弗辭，任何犧牲，均所不惜，以成我志。否則，于此救國、助友二者之中不得一當，則惟有反我初服，謝絕政聞；或以此身進而為社會大眾服務，以盡在野一份子之天職；或即退而自修，

誦佛課子，以求我心之所安，蓋此身雖在野隱處，而此心對於社會國家之同情，當無二致。余既由社會而生，當與社會息息相關，而不容逃身心于世外也。故「兼善」、「獨善」之訓，及「日新」、「又新」之箴，謹當奉為圭臬。茲當廿八年歲首之日，追維過去，惕勵將來，爰將生平旨趣，重書簡端，用以自勗。並願從事友好，共喻斯旨，相與勉旃！

元旦記

　　廿七年十二月廿二日，日本近衛首相對我發表聲明，蔣委員長於二十六日在中央紀念週予以痛切駁斥。乃汪精衛先生二十九致電中央，表示對近衛聲明應予原則上之接受，而謀取和平。本日晨七時，中央舉行中華民國成立紀念儀式，遙向總理陵寢致敬。八時國府舉行紀念儀式，由林主席演講。下午三時半中央召集談話會，臨時改為正式常會，對汪先生之主張提出討論。僉以當此抗戰緊急關頭，汪受本黨付託之重，而匿跡異地，亂作主張，搖動國本，為整飭黨紀，因決議將汪氏永遠開除黨籍。綜觀十日來近衛及蔣、汪三篇文告，實為遠東政局將來如何發展之重大關鍵，尤為中日間演變如何之樞機，但其最後決定力量，當仍在日、俄、德、義、英、美諸種國際關係也。

1月2日至7日　星期一至六
【因病未寫日記】

1月8日　星期日

余二日起至八日均在臥病中，不能執筆，茲將數日事拉雜記之。

二日晨五時起身小解，忽覺頭暈，以為偶然事件，小解後仍照常就寢。至七時起床，八時早餐，身體似覺不舒。至十時，戴院長季陶、朱秘書長家驊、周軍需署長枕琴等先後來拜年，並留季陶午飯。飯後彼此談笑如常，並論及邊地情形與夫將來治邊之主張，均感興趣。余忽覺心發慌、眼發黑、頭發暈，並嘔吐，精神異常狼狽，立時臥下不能行動，不知人事。即請單醫診治，量血壓、試寒熱，均不及度，隨服藥休養。

三日午大便，又暈一次。午後再請單醫診治，斷定不是腦血症，乃是貧血症。推其近因，大概飲食過量與烤火有以致之。羅佸子兄三日由香港飛抵重慶，隔別日久，相見甚歡。羅帶來牛弟（良叔）照片，像貌端正，身體健碩，惜余尚未見面耳。

五日改請名中醫張簡齋診治，據云脾腎不足，肝失承制，衛氣受水，飲上而眩暈。居覺生、鄒海賓、蔣雨岩諸君先後來看余病。日本近衛內閣總辭職，以平沼騏一郎繼任。就余觀察此次敵閣改組，充分暴露其內政外交之弱點及對華戰事之困難，抑或已向法斯化途中邁進，與軍閥蠻幹到底亦屬可能。

七日僑務委員會委員長陳樹人兄來看余病。據云汪先生離渝他往，伊因與汪先生感情關係，即請辭職，經蔣先生堅決慰留。伊又云汪先生決不致有負黨國，余勸伊與汪先生感情是一件事，而君在黨國服務又是一件

事，不可公私併為一談，伊深以為然。晚間再請張簡齋
治頭暈。

1月9日　星期一

　　頭暈仍未痊愈，起床時尚有感覺，恐因此種根，一
時不易治全也。倭首相平沼廣播演說中，發出悲觀語
調，該國難關重重，無法打破。關於倭外交日趨孤立，
自蔣總裁已將近衛所提媾和條件予以駁回，更以美國
十二月卅一日所提提照會詞意強硬，英國態度較為堅
決，日蘇漁業談判陷于僵局，聞德國必俟中日戰事結束
有望時，始可與日本磋商軍事協定。至關于內政，因實
施總動員法，社會甚感不安，金融尤極惶慮，又因龐大
預算財政籌劃非易，總觀倭寇內外形勢非常吃緊，我們
抗日形勢日漸轉好。當斯時也，要內部格外團結，現在
戰線勿稍搖動，方可期最後成功。

1月10日　星期二

　　年後四時出席行政院會議，據軍事報告，敵人現集
兵力于廣州，有進犯廣西模樣，晉西亦甚吃緊，敵有渡
黃河犯韓城攻西安趨勢。又決議以石友三察哈爾主席、
潘宜之經濟部次長。余頭暈仍未全愈，勉強出席院會，
有四小時之久。散會後，精神異常疲困。

1月11日　星期三

　　頭暈已好十分之七八。午後偕喜饒嘉錯等謁見蔣委
員長，並告達賴轉世經過以及滿清治邊之計劃，頗有可

採之處。民國以來，治邊步法太亂，發生種種錯誤，又力言對邊疆須用頭等人才，最小限度應有下列四條件：

（一）深通政治；

（二）有宗教知識；

（三）品行端正；

（四）身體強健。

又告蔣佶子已到渝，請約期一談，並面保佶子任監察院委員，請蔣相機推薦。

1月12日　星期四

頭暈仍未痊愈，但為公務起見，不得不勉強見客。上午接見監察委員巴文俊，伊新由西北返渝，談及蒙旗情形非常複雜，不易調整。又接見中央黨部辦理邊疆黨務之李永新，告以對邊疆辦事須一面防止敵人侵入，一面推進本身工作，總以妥當不生支節為原則。又中央招待邊疆人員，亦須統一步調，不可自為風氣也。

1月13日　星期五

上午接見額濟納舊土爾扈特旗（古居延海地方）軍事專員李才桂，該員因與該地旗政府相處未能融洽，故調回中央。據該員云該地面遼闊，為通外蒙、新疆要道。惟人口只有內外蒙古人約八百名，漢人數十名，而蒙人十分之三、四有花柳病，再過五十年至一百年，人口必滅亡。居延海水有毒性，海邊動物遺骨甚多，皆因食此水而毒斃者。只有由酒泉北進之黑河兩岸水草豐富，森林茂盛，宜于牧畜種植，宜于移民，其他多係沙

漠不毛之地。

1月14日　星期六

上午到會辦公。午後接見喜饒嘉錯格西暢談佛法，並詳論中央與西藏之調整方法，以及達賴轉世之關係，重要所見均屬相同。又偕子午後往見蔣先生，報告在港、滬會見何亞農、王季文兩人情形。王現與共黨接近，何與日本相通，真是兩極端之主張，而兩方均願為蔣幫忙。

1月15日　星期日

英向倭提出新照會，堅持九國公約之門戶開放機會均等之原則，不容片面行動加以破壞。此乃英國對日本露骨而率直之表示，為過去八、九年來所未有，亦英、美兩國對遠東一致鮮明之表示，又為響應羅斯福總統反對全能主義之第一聲。

1月16日　星期一

昨午有敵機廿七架襲渝，死同胞一百廿四人，傷一百廿六人，此為敵機大轟炸渝市第一次。上午八時至國府出席中央紀念週，繼開談話會，據外交當局報告，英首相張伯倫此次赴羅馬與黑索里尼談話，因西班牙與殖民地兩大問題，各堅持立場不肯讓步，以致毫無結果。此後但看德態度如何，如德國維持義國主張，則歐戰有暴發之可能。又上午到會接見西藏代表。

1月17日　星期二

　　午後四時出席行政會議，據軍事當局報告，敵前佔晉西之吉縣、大寧等縣，業經我軍反攻，將各該縣克復。敵渡河之企圖已經失效，如再圖渡河，必須另增生力軍隊。又決議改組湘省政府，以薛岳繼任湘主席，陝省府委員亦大部更動。

1月18日　星期三

　　佶子上午飛城都，伊家眷現住城都。我國代表在國聯行政院發表演說，要求大會立即實行上屆大會切實援華制日，並請組調整委員會，施行各方案。

1月19日　星期四

　　蒙旗宣化使、大國師章嘉呼圖克圖本日上午九時半由城都飛抵重慶，余親往機場歡迎，下榻本會辦公室。晚七時設席為章嘉洗塵。午後張任民來訪，余告伊佶子日前由港來渝，曾謁蔣先生，轉達王季文兄在港行動以及擁蔣各情形，蔣深以為然。現在李德鄰兄既已到渝，以李、王之關係，李應向蔣再進言，更為周到。余與王感情素好，理應為王說話，但王重理論，余重事實，主張或有不同，但與感情無傷也。

1月20日　星期五

　　法繼英、美之後致日政府之通諜，昨已發出。其內容與英、美致日照會相同，對日本片面廢除九國公約，表示不能同意。蔣委員長約章嘉午飯，約余作陪。

1月21日　星期六

　　上午八時，至國民政府大禮堂出席本黨第五屆中央
執行委員會第五次全體會議，即舉行開會式。開會式完
畢，繼續開預備會，統由蔣總裁親自主席。蔣致開會
辭，將有一小時之久，詳言敵人必敗，我軍必勝理由，
及我抗戰到底之決心。詳細情形，將來再行續記。國民
參政會議長原由汪精衛先生充任，現汪既已離職，改由
蔣總裁擔任。晚七時約柏烈武兄晚餐，並約同鄉楊嘯
天、王葆齋、邵華、陳訪先等作陪。柏係前清第九鎮老
同事，又係老同志，又係同鄉（他是壽縣），伊現任中
央委員，與余向未直接共過事，亦無惡感。

1月22日　星期日

　　倭國會開會，倭首相平沼、外相有田發表荒謬演
說，對華戰事決蠻幹到底，並肆意恫嚇法、蘇兩國。馮
煥章約李德鄰晚餐，約余作陪。

1月23日　星期一

　　上午八時至國民政府出席紀念週，蔣總裁訓話，有
一小時之久。勉諸同志努力，現在黨人太腐化、太不振
作，如此下去，必至亡黨、亡國而後已，希望諸同志盡
責任，明白自己使命。午後三時出席第五次全體會議第
一次會議，由居覺生、孔庸之、何敬之分別報告黨務、
政治、軍事。又決定各組審查委員，余在政治組。

1月24日　星期二

倭外相有田在國會答稱，如第三國（指英國、美國）于經濟上以壓力加諸日本，決採取有效的措置，並拒絕修改九國公約。又謂漁業談判如失敗，決對付蘇聯，可謂大言不慚矣。午後三時半出席第五次全體會議第二次會議，中央黨部各部會報告及行政院外交報告，至七時散會。七時應章嘉宴。八時應盧作孚、鄒秉文宴，有李德鄰、黃旭初、黃季寬等在坐。九時半至軍事委員會出席政治組審查會，並無重要案件，有廢時間，不免可惜。蒙古伊克昭盟盟長兼蒙旗宣慰使沙克都爾札布自抗戰以來竭誠擁護中央，不日來渝述職，及就國府委員新職。為懷柔遠方，優待邊人起見，自應予以特別招待。惟重慶自國民政府遷至後，房屋本不敷用，更加武漢撤退，所有軍事機關大多撤至此間，故重慶實有人滿之患，欲為沙王覓相當住所，真正不易，只得將余現住新村五號讓出為沙王下榻之所。余原擬移住蒙藏委員會辦公室，又因章嘉活佛來渝出席五中全會，住屋大成問題，不得已將辦公室讓與章嘉暫住。故余于昨日搬至春森路十二號曹纕蘅兄家，俟章嘉離渝後，再撤蒙藏會辦公室。纕蘅非常客氣，對于余等飲食起居十分注意，殊令我心感不安也。

1月25日　星期三

午後三時出席全會第三次會議，對於黨務、政治、軍事、外交，各中委多有質詢。晚七時應行營各部會長官公宴，並助以音樂，頗集一時之盛。晚七時出席全會

政治審查會。

1 月 26 日　星期四

上午十時臨時會，由蔣總裁演講外交及容共問題，有三小時之久。其大意如下：我們與敵人利害絕對相反，敵之不利，即我之利。抗戰以來，我們外交唯一武器，即在如何運用九國公約與國際聯盟，俾能密切結合，為求達到此項目的。第一要做到美英合作，第二要做到美俄一致。自我抗戰一年半以來，國際間多感覺日人之野心，致英美兩國多年懸案之商約，業已解決。美國于去年十二月卅一日致日本維持九國公約強硬照會，英國繼美之後致日本同樣之照會，這就是英美對遠東併行政策之成功。至美俄對日本向來是一致的，此皆我們抗戰所得外交勝利之結果。我們今後外交政策，政治以聯美為主，經濟以聯英為主，軍事以聯俄為主。聯俄、容共，萬不能併為一譚，我們非因容共，始可聯俄。本黨有五十年革命史，有組織健全之三民主義，又有廣大之四萬五千萬之民眾作基礎，俄國為對付日本起見，當然要與我們聯絡。在日本未放棄其大陸政策以前，可斷定三十年內，中俄必須密切合作。民國十五、六年，本黨同志對共產黨有利用與畏懼兩種不好心理，實係我們同志大錯誤，現在萬不可再有懷疑，應以極嚴正之態度，糾正共產黨之行動。共產黨必須取消其組織，加人本黨，本黨不能遷就。我們在外交上已有顯著成功，深盼諸同志切實把握信念。至抗戰到底之解釋，必須日本對華放棄其大陸政策，一切恢復蘆溝橋事變前原狀後，

再以政治及外交手段，商討東北之合理解決云云。此種
演說，真是五中全會中最有價值之事件，此後本黨同志
對外交、對共產黨有一定路線可尋。素來紛雜之議論，
自可煙消雲散，則本黨內部必更加團結也。午後三時出
席第四會議，八時半出席政治組審查會。

1月27日　星期五

午後三時出席第五次會議。七時應孔院長宴。九時
應軍委會政治部招待，觀該部所辦之新劇，均關抗戰社
會教育之事宜。

1月28日　星期六

上午回看桂省主席黃旭初等。午後三時出席第六次
會議，首由行政院報告兩年各部會行政計劃（即廿八、
九兩年）。又通過組織國防最高會議案，該案最重要之
點有二：
（甲）最高委員會統一黨政軍之指揮，代行中央政治
　　　委員會之職權。中央執行委員會所屬之各部會
　　　及國民政府、五院、軍事委員會及其所屬之各
　　　部會，兼受國防最高委員會之指揮；
（乙）國防最高委員會委員長對于黨、政、軍，得不
　　　依平時程序，以命令為便宜之措施。

1月29日　星期日

上午八時卅分出席第七次會議，通過政府各院部會
報告案及大會宣言案，繼由蔣委員長演說大意，云各中

委除已有工作者，此後每人應擔任中委職務工作外另一工作，或赴戰地服務。因社會上評論黨人腐化、黨人貴族化，或將黨人比為滿清駐防族人，如再不振作，全黨必歸失敗。這種說話真正切要，可惜時間稍遲耳。午後四時出席蔣總裁約全體中委茶會。蔣云有好消息報告大家，據報日本國會開會時，有議員主張實行三民主義者就是假的，亦可因假成真，可見三民主義可以戰勝一切云云，全體同人聞之快慰。美國人估計國際情勢，如歐州局勢等六十日內即可有具體變化，屆時美外交政策將作明確之表示。

1月30日　星期一

上午八時卅分至國民政府出席紀念週，並舉行五中全會閉會式，戴季陶兄讀大會宣言。大意如下：期望國人加強團結、積極奮鬥、努力建設，倭寇危機日深，我國愈戰愈強。神聖抗戰目的在求世界和平，遵奉總理遺教，用以救國救世。暴敵殘酷行為，必將自食其果。建國主力，在于建軍，提高民族精神，整飭革命紀律，願我同志同胞努力完成偉業云云。午十二時應陳辭修宴。午後四時出席行政院召集各省主席茶會，並研究一般行政問題。申叔昨日起又發熱，高至卅九度九，本日單醫生連看兩次。

1月31日　星期二

本會政治訓練班，本日上午八時半舉行第二期學生畢業典禮，余親往主持，並訓話一小時半。其訓話大意

約分三點：

（1）邊疆之重要與諸生之責任；

（2）諸生入世做人、做事應取之態度；

（3）服從主義，擁護領袖。

　　午後四時出席行政院會議。申兒熱度更高，情形相當嚴重，請小兒科周倫與單醫會診，據云係肺炎，殊為可慮。

2 月 1 日　星期三

午後四時在本會接見新自小亞細亞宣傳回國之回教團代表。晚應熊克武、呂漢羣、黃季陸等公宴。申兒病勢，仍未見輕，既係肺炎，非即日可愈。

2 月 2 日　星期四

午後陪章嘉活佛遊老鷹岩，晚八時陪章嘉謁見蔣委員長，章嘉獻尊勝寶塔一座與蔣。申兒病仍在危險時期，仍請周、單兩醫會診，兩醫非常熱心，想盡種種方法，惟仁非常憂慮。

2 月 3 日　星期五

申兒病況無進退，今晨友人德醫金頌盤兄特來診斷。據云係肺炎，未至嚴重時期，至快須兩個星期始可痊愈，又云單、周兩醫所用藥方，彼意見亦同。午後六時應白瑞宴。七時應章嘉宴，並代為招待來賓。李德鄰婦夫今晨來訪。

2 月 4 日　星期六

上午九時訪李德鄰，並遇見香翰屏，與香係初次見面，香在粵派軍人中有相當地位。午後四時在蒙藏會開茶會，為章嘉餞行。六時應曾琦、鮮英、張表方公宴。七時軍委會辦公廳主任賀貴嚴、副主任姚味莘公宴章嘉，由余作陪。申叔病仍無進退，仍由單、周兩醫師診治。

2月5日　星期日

　　章嘉今日乘飛機回城都，因機誤點，等待六小時，至午後二時半始起飛。章此次來渝出席五中全會，余十分招待，彼非常滿意，對中央一切政情尤為贊同。申叔熱度今晨忽退至卅七度，聞之十分歡喜，但至下午再長至卅八度二，仍請單醫診治。以現在病況，危險時期似已過去。午後六時設席招待李德鄰夫婦，約何雪竹新婦等作陪。昨日寇機瘋狂肆虐，貴陽、萬縣遭慘炸，大火延燒，筑市精華付諸一炬，平民死傷逾千人。

2月6日　星期一

　　申叔熱度仍在卅八度以上時間較多，卅八度下時間甚少，故未可樂觀也。午後到會辦公，接見綏遠省政府駐渝辦事處長王則鼎，又接見邊疆參政員榮照。僑務委員長陳樹人于午後七時在外交賓館招待暹羅華僑、參政員陳守明，約余作陪陳。

2月7日　星期二

　　上午到會接見沙王代表白音倉等，沙將于明日由西安飛重慶，本會準備歡迎。馴叔連日傷風，本日上午忽發熱至卅八度四。申叔熱度仍在卅八、九度之間，如常此不退，實多可慮。午後四時出席行政院會議。

2月8日　星期三

　　蒙旗宣慰使、綏境蒙政會委員長、伊克昭盟盟長、國民政府政府委員沙克都爾札布（王爵）于去年十二月

離綏南下，長途跋涉，經兩月之久，于昨日下午四時許，始由西安乘專機飛抵渝。同行者有其夫人福晉（蒙古人稱王爺夫人曰福晉）、二公子噶埒呼圖克圖、長孫公子已記名札薩克、秘書長榮祥等十三人，余親到機場歡迎。沙王年已六十有四，然精神頗佳，下機後即至余前住之新村五號下榻。晚八時余夫婦即在五號設席，為沙王夫婦洗塵。申叔溫度如常，惟精神較為疲困，身上發見紅點，據醫生云確以轉為痧症（就是水花），但由肺炎轉變，雖係正常狀態，惟恐抵抗力量較弱。總觀病況，尚未脫離危險時期，希望勿添新症，方可轉危為安。馴叔溫度至卅九度，據醫云是重傷風。

2月9日　星期四

上午到會接見沙王、榮祥、石華嚴等。申叔病既已變成正式丹痧，希望早日出齊，但少有腹瀉，為出痧之最忌者，真可慮耳。西醫對于痧症是無藥可治的，非請教中醫不可。本日午後正在焦慮間，忽英士先生夫人來訪，談及申叔病況，他說有須迪安中醫，係江蘇人，果夫、立夫兩家老幼向均為其主顧，何不請來一診。比詢須大夫住址，答以忘記，可飭人往果夫兄弟處一詢云云。陳夫人隨即辭去。余正擬派人請須大夫，而須大夫已到。須云途中遇陳夫人，遵來診病等語，旋診申叔。據云丹沙初見，寒熱甚重，病已一旬，元氣已虛，脈象滑數，重按無力。現在胸前、項間隱疹甚多，而小腿以下尚未見點，大便溏薄，脾土虛弱。目前急宜解表清熱，助其發透，一面健脾止瀉，以防下陷為患。又馴叔

病，據須云肺經感受風濕，咳嗽痰多，脈象浮緊，咽喉
疼痛。治以解表透邪之中，參以化痰、行積之品。如兩
兒果能於服中藥之後漸趨好轉，則此次病愈之機，初在
陳夫人之偶然來訪，繼而陳夫人在途中與須大夫偶然相
值。如以此事衡諸胡適之以人類社會大部現象之形成皆
出「偶然」，曾倡「偶然史觀」之說，更就個人已往體
驗事例，對胡氏之說，實有研究之價值也。

2月10日　星期五

馴叔寒熱已退，漸入佳境，日內即日痊愈。申叔溫
度大減至卅七度左右，週身痧疹，化者化，出者出，脈
象亦較昨為和。小腿上及足心痧點已見，如能從此溫
度不再高起，即可日趨佳境也。晚七時出席行政院談
話會。

2月11日　星期六

上午十時陪沙王等謁見蔣委員長，沙王當將蒙旗情
形一一陳述。蔣以沙此次由蒙來渝，備極辛勞，深為嘉
勉。下午七時余假座銀行公會正式歡迎沙王，並邀請各
院部會長官作陪。席間由余致歡迎辭，旋沙王致答辭，
一場盛會，至九時始散。敵昨晨在海南島西北角儋縣境
海邊登陸，海南島乃在東亞太平洋、印度洋間，戰略上
主要之重心。倭寇此舉在試探英、美、法態度，一面圖
控制太平洋，以遮斷英、美、法聯絡，所有法之安南，
英之新加坡、香港，美之菲島、夏威夷均感極大威脅。
此為中倭戰事中倭最大冒險行動，不知英、美、法將何

以善其後也。英報傳本月秒日、德、義將商訂軍事同盟，訂盟目的在應付英、美、法、蘇。申叔寒熱已止，神識甚清，情形甚好，業經轉危而安。但大病之後，身體軟弱不堪，此後重在調理，自可日健全。惟仁照料申叔數夜未眠，終日憂慮，時時下淚，或念佛祈禱，大有走頭無路之勢，情形非常難過。

2 月 12 日　星期日

國民參政會第三次大會，今日上午八時在軍事委員會大禮堂舉行開會式。本汪精衛任議長，現改蔣任之。由蔣委員長主席並致詞，余以政府人員資格往列席。午後七時蔣約全體參政員晚餐，余亦被邀作陪。余于參政會開會典禮後，旋赴美豐銀行四樓請韓文信醫師補牙，上樓時不期與孔院長庸之同登電梯。渠兼中央銀行總裁，該行辦事處適在五樓，邀余小坐，計譚話約半時許，彼此均以誠懇態度出之。余與孔君雖同院逾兩載，除因公接洽外，私人譚話此為第一次。余經醫診畢後，下樓時復與孔同電梯。笑謂孔曰，此胡適之博士所謂偶然者也。

2 月 13 日　星期一

上午八時至國府出席紀念週，由蔣總裁報告。十時半陪同沙王等覲見國府林主席，並定土墨特旗總管榮祥同時覲見，而榮未能按時趕到，未免有失禮儀。但不論原因何在，本會辦事人員實難辭責。下午三時列席國民參政會第三次大會第一次會議，孔院長報告政治，何軍

政部長報告軍事，王外交部長報告外交，一切成績均較
過去數月來有長足進展。晚七時孔院長歡宴沙王等，請
余及各部會長官作陪，賓主盡歡而散。申叔病大好。

2月14日　星期二

　　上午八時列席參政會第二次會議，何部長報告內
政，翁部長報告經濟，陳部長報告教育。午後四時出席
行政院會議，決議改組察哈爾省政府等要案數件。

2月15日　星期三

　　上午到會辦公。接見班禪駐京辦事處石明珠等，談
及班禪方面現在情況。余告他我們一切誠意，希班禪部
下人等須相信中央，不可多疑。午後三時列席參政會第
三次會議，孔部長報告財政，張部長報告交通，繼討論
政府交議第二期戰時行政計劃，計財政、經濟、軍政、
交通、內政、教育六部，蒙藏、僑務、振濟三委員會，
共九種。

2月16日　星期四

　　上午九時由纕蘅家移住蒙藏會慈香閣。此次在纕蘅
家二十餘日，而申叔在他家發生大病，使他家大感不
安，他的世兄恐傳染，放寒假亦不敢回家，實在對不起
他家。數月前與朱慶瀾、屈印光、陳靄士、張溥泉等數
十人發起護國法會，現蔣總裁擬先捐五千元，故本午余
與張溥泉二人在都城飯店約發起人在渝者午飯，先組織
籌備委員會。午後四時行政院長及各部會長同人招待全

體參政員茶會。六時半應軍令部長徐永昌宴，係招待沙
王。七時應于院長右任宴，亦係招待沙王，陪客甚多。

2 月 17 日　星期五

　　上午九時至國民政府參加沙王就國府委員職典禮，
儀式隆重，此乃安定邊疆唯一之良法也。午後三時出席
國民參政會第四次會。六時半蒙古同鄉宴沙王，七時半
蔣總裁宴沙王，均約余作陪。紐約合眾社消息，美記者
稱義、德、日將聯合進攻英、美、蘇，六星期內將有驚
人策動，但中國之英勇抗戰，足使渠等膽怯云云。究竟
有何根據，只有待諸他日。

2 月 18 日　星期六

　　陰曆大除夕，此一年中就國家與職務及個人三方
言之：
（一）以家國言，雖抗戰放棄廣州、武漢，但戰局已趨
　　　穩固，國際情勢確已好轉，內政亦大有進步，金
　　　融亦極穩定。
（二）以余蒙藏委員會職務言，有相當成績，如班禪善
　　　後、達賴轉世、章嘉活佛南下擁護中央及最近來
　　　渝出席五中全會、沙王最近來渝就國府委員職。
　　　在此抗戰期間，對邊疆有此成績，殊屬不易，且
　　　消滅于無形之事甚多。倘中央能贊成余之主張，則
　　　余定能由安定邊疆進而得到建設邊疆之目的也。
（三）以個人言，在此一年中，頗為不順。如魯書、
　　　國書被人控告，申叔兩次大病，及余之頭暈迄

今尚未復原，可謂既傷神又耗財。但較之戰區遇難者，大有天堂地獄之分，吾家人應馨香禱告上天，求抗戰勝利，社會早日安定。

午後三時出席國民參政會第五次會議。六時半考試院戴院長、司法院居院長、立法院孫院長共同歡宴沙王，約余作陪。新生活運動促進會總會，蔣委員長以會長名義，于五週紀念前夕（即本日（廿八日）午後八時）在軍委會大禮堂招待各省新運工作人員、國民參政會及余等，筵席簡單衛生，極合于新生活之標準。九時由蔣會長向全國廣播講演。

2月19日　星期日

舊習慣難除，昨夜仍炮燭聲不斷。今晨纕蘅、小魯等來拜年。午後三時出席國民參政會第六次會議，蔣委員長代表政府報告抗戰信念及外交好轉之經過，頗為全場參政員之了解與歡慰。

2月20日　星期一

上午八時至國民政府出席中央紀念週。午後三時出席國民參政會第七次會議，討論蒙藏委員工作報告及兩年計劃，惟各審查員不明邊疆情形，頗多外行批評。因邊疆政治係專家政治，非普通政治常識可以處理。現在治邊甚困難，活佛、王公封建制度要保留，省政府新政要推進，已成絕對摩擦。邊疆政府不理會，中央政府又不明瞭，維持現狀則青年譏為開倒車，打破現狀王公又不諒解。在平時優待王公，則人或疑為多事，一有事

故發生，則又謂為辦理不善。且邊疆政客，鑽營無所不至，在中央方面，多數人又以優待邊人之習慣，欲喜與之周旋，一旦釀成事變，又須主管機關為之了事。

2 月 21 日　星期二

　　上半八時參政會舉行休會式，余本擬出席參加典禮，屆時汽車司機楊煥文竟遍尋不著，致誤要公，殊屬可恨。緣該司機誤差已非一次，不得已將司機開除，總之小人難養，自古皆然，而汽車司機尤難養也。此次參政會第三次大會計十日，于大會時討論各議案情形較上兩次會嚴肅而確實，尤其是決議組織川康建設視察團，俾多數參政員得有工作，最合實際。據合眾社消息，美國會重要議員咸認為歐州危機之加劇，危機之中心為西班牙、義大利及法國。美將加速防衛準備，至美捲入漩渦與否，很難預言云云。現在國際間既無修約與信義之可言，更無所謂主義之結合，一切動態以一時之利害為轉移，今日之敵，明日可友；昨日之友，今日可敵。吾人外交應採取機動政策，萬不可固執成見，至國際間無論如何變化，皆是于我有利，惟希望從速表現耳。午後四時出席行政院會議，余即席報告遷移成吉思汗靈襯事，略謂據伊克昭盟盟長兼吉農（奉祀官）沙克都爾札布密呈，伊盟位濱黃河，地接綏、包，久為日寇垂涎之區。為轉移蒙族觀念，保護祖先，杜絕敵人利用，以策安全，擬將在伊金霍洛成吉思汗之靈襯及御用之矛及其第三福晉靈襯遷移後方，其地點暫擇定青海西北部柴達木地方（在都蘭柴達木河附近）等情。查成吉思汗豐功

偉烈，震鑠古今，不特為蒙族之榮，亦實黃種之光，中
國固應推崇，世界亦所珍視。其靈襯我方保之，可以把
持蒙古之人心，敵人得之，能作為號召蒙人之工具。至
權衡之利害，遷之固屬安全，或召敵人之惡意宣傳，固
惹少數不明事理之誤會，不遷固無語柄可資敵人藉口，
然有被敵竊據及利用之危險。究應如何，此與軍事關係
綦重，或即時遷移，或先派兵護陵，俟必要時再行遷
移。此事關係重大，應轉請最高國防會議核議云云。

2月22日　星期三

上午十時至交通銀行訪老友章行嚴兄。章此次前來
渝出席國民參政會，章學問淵博，海內知名，久住北
方。自偽組織成立後，各方對章頗多謠言，今次到此，
大家諒解，余尤欣慰。余與章交往有年，伊曾陪余從歐
州到美國遊歷，同伴返國，彼此感情甚佳。午後三時沙
王來訪，主張設統一蒙古地方自治政務委員會，此與本
會治蒙政策有異，且內蒙各盟旗民族雜居，不易劃分，
最易發生枝節，尤其是地廣人稀，交通不便。現在青海
左右翼盟，寧夏阿、額兩旗，均相安無事，各該盟族是
否願沙王統一，尚有問題。吾人雖不用滿清治蒙分化與
懷柔之政策，確無組織蒙古統一機關之必要。此皆在中
央邊疆政客之策動，沙王人太忠厚，尚不知受政客之愚
弄。余職責所在，斷不能見好少數邊人政客，而遺誤國
家于無窮，故先將邊疆複雜情形，向沙王詳細說明，暫
不表示具體意見耳。

2 月 23 日　星期四

　　聞倭政策有轉變，將北守南攻，企圖犧牲小而成就多。如最近之犯海南島，全係投機取巧之行為，而為實行南進政策之發創。其主攻目標，目前似集中法國，進襲安南，預料此種投機行動，必受重大之打擊。莫斯科哈瓦斯電，蘇對倭日趨強硬，全力經營遠東區域，對歐外交傾向妥協，專心準備對倭戰事。

2 月 24 日　星期五

　　據貴陽省黨部主任委員王漱芳兄來函，云日前（本月四日）貴陽被轟炸情形，總共投彈及燒夷彈一百五十餘枚，焚燒及炸毀街市四十六條、房屋一千三百廿六棟，死市民五百廿八人。受傷經醫院登記者兩千餘人，災民數達數萬，財產損失約二千五百萬元。市區精華，盡成瓦礫，為狀之慘，實被炸各地情形所未曾有，省黨部職員家屬亦多罹難等語。此次貴陽被炸，焚燒之廣，死傷之多，洵屬異常慘重。余前者主政貴州，昨年又重過舊地人民街市，尤所軫懷，聞耗之餘，痛惻曷極。敵機二十日、廿三日兩次轟炸蘭州，我機得報，即起而迎擊。我空軍戰士奮勇殺敵，經激烈空戰後，廿日擊落敵機九架，廿三擊落敵機六架，此乃第二期抗戰開始以來我空軍大勝利（武漢、廣州放棄前為一期）。敵機廿一日炸深圳事，英認倭方道歉，不能解決，將進一步要求賠款。英報一般輿論，倭對英侮辱，英政府應實施壓力，倭經濟脆弱易屈服。英國最近又以大宗款項貸予我國，總數三百萬鎊，英國輿論主張廢棄孤立政策。俄外

交委員長向駐俄倭使提出嚴重警告，倭漁人如竟闖入蘇
聯領海，以致引起事端，欲認為地方事，勢不可能。
英、美、俄對倭無理威脅，將採強硬態度，吾人應格外
努力。上午十一時接見奇丕彰，準葛爾旗人，北平蒙藏
學校畢業，由蒙古偽組織送他到日本入法政大學讀書。
歸國後不欲為敵利用，毅然擺脫德王，投效中央，由綏
遠傅主席作義介紹來見，並據報告日本及蒙古情形甚
詳。深明大義，殊屬可貴，當囑蒙事處對其妥為招待。
晚七時出席行政院談話會，討論各部會疏散市外辦公，
以免敵機轟炸，當決定在老鷹岩、壁山、永川範圍內，
由各部會商同選擇。

2月25日　星期六

午十二時在蒙藏會設席招待章行嚴、曾雲沛，並請
奚東曙、彭醇士、孫希文、曹纕蘅等作陪。曾前在北洋
段政府時代為交通部長，段方唯一紅人，今次南下擁護
抗日，真可欽佩，較梁宏志者流，不可同日而語。晚七
時于右任先生約舊民立報在渝同人晚餐，計到章行嚴、
葉楚傖、邵力子、謝孟君、朱仲良、張季鸞及余，與于
先生共八人。以于先生年最長，以朱仲良兄四十八年最
少，其餘均五十以上矣，彼此暢談過去均有今昔之感，
至十時半盡歡而散。

2月26日　星期日

中央委員兼本會委員潘雲超兄于十九日因在昆明覆
車受傷，卒因傷勢過重，于廿五時晨逝世。潘清末加入

同盟會，響應辛亥革命，歷任中央委員、立法委員、本
會委員，與余感情甚佳，當即電慰其家屬。

2 月 27 日　星期一

上午八時偕沙王至國府出席中央紀念週後，接開中
央談話會。據外交當局報告，自西班牙國民軍勝利後，
繼之匈牙利、偽滿洲國加入防共協定，因此防共形勢擴
大。且日本有在遠東召集防共會議之說，果爾，德、義
當然贊同，又德、義對蘇俄將採取緩和政策，俾以全力
應付英、法云。上午十時召集本會處長、秘書談話，以
為抗戰已到西南、西北邊地，本會主管邊疆事務，以後
隨時隨地均與抗戰發生問題，所以本會在目前應辦事宜
應從速推進，關于將來計劃，亦應從速擬定，不能以平
常方法處理非常時期之邊務。下午四時光明甫兄來訪，
談及他的家眷，于四日貴陽被炸時，渠等逃出城外，得
免于難，惟衣物焚盡。現在均到重慶，擬日內移住江
津，余見其情形狼狽，特接濟五百元，聊表友誼之意
耳。當此空前國難，諸親朋故舊流離失所，生活維難所
見多是，滿擬一一予以接濟。只以余素來服務政界，廉
潔自持，而現職薪金，亦只敷個人使用，對于維難親
朋，真是有心無力，奈何。

2 月 28 日　星期二

上午八時與纕蘅談及八個前余對伊出處主張，如積
極可往顧墨三處隨軍，消極可閉戶讀書，惜未採納，但
流連重慶，毫無所得，未免有誤光陰，他很以此說為

然。午後四時出席行政院會議，決議四川省教育廳長楊
廉行為不檢，並有違法行為，撤職查辦（已由軍法總監
部看管）。查楊任皖教廳時，念愛一位女職員，調川教
廳，又將該愛人帶來在廳予以位置。甚至由皖帶來使
役，亦委教廳職員，頗招社會物議。又皖任內時，帳目
不清，有貪汙嫌疑，當局為整飭官方，特予嚴辦。楊為
人狡滑，利用黃浦勢力欺壓安徽教育界，安徽人對伊感
情惡劣，無人說他好話，此乃失敗之主因。楊曾留學美
國，回國後歷任教授以至現職，經過很不容易，此次前
功盡棄，未免可惜。所為者何？財、色耳。為國家社會
服務者，當以此為戒也。

3 月 1 日　星期三

申叔病愈記

　　申叔前患之肺炎，醫治最主要藥品厥為加的佐爾強心劑，重慶無有購處，適余因惟仁夫人需用此藥，乃于兩月前屬人由昆明購得，大得其用。及第九日，週身發見紅痧，勢極嚴重，西醫已感計窮。適英士嫂來探視，即主張改用中醫，並介紹須醫士（已于二月九日詳記），從此中西醫相互參酌，中西藥相互為用，病乃告痊。向來中西醫立于反對地位，此次不但不反對，且相互為助，亦可證明中西醫藥將來必互調和，然後為用始廣，收效更大也。申兒病愈之經過，事多偶然，或亦有天命存焉。

3 月 2 日　星期四

　　午後三時半列席國防最高委員會常務會議，蔣總裁主席，討論廿八年國家預算案，又討論成吉思汗移靈案，決議準備遷移至青海柴打木地方，俟必要時再行實行。午後八時孔院長在市商會招待全國第三次教育會議全體委員晚餐，余出席作陪。

陳籙、李國杰被殺記

　　陰曆年節報載，南京偽政府之外交部長陳籙在滬被刺殞命，查陳在北洋軍閥時代任外交部長，又任駐法公使多年，在外交界頗負盛名，乃近甘為虎倀，其死固為當然果報。而李國杰係李文忠公之孫，襲侯爵者，清末時任比國公使，于前數年任招商輪局總辦時，為人受過而入獄，可謂之糊塗矣。此次在申，出處曖昧，附逆

不明，又不能甘寂寞，亦可謂糊塗矣，最後即于此糊塗
之中喪其生命。故吾人出處，應光明磊落，義利所在，
判別昭然，立身氣節，固應如是。而瓜田李下，疑似之
間，尤應知所戒懼，萬不可糊塗曖昧者也。

3月3日　星期五

午後三時出席本會常務會議。午後七時出席行政院
談話會，並晚餐。據孔院長云，國際間對我日漸好轉，
不日將有好消到來，日本內外情形甚惡劣，很想與我求
和平。

3月4日　星期六

記日本大阪火藥庫爆炸

外訊本月一日下午三時，京都、大阪之間枚方陸軍
火藥庫突然爆炸，當時延燒甚為猛烈，附近營房、住屋
焚毀大半，軍民死傷甚多。經軍警機關竭力撲救，始告
平熄，損失極為重大。經東京警視廳派大批人員偵察，
始知係反戰團份子縱火焚燒所致云。自七七抗戰以來，
倭方對我後方不設防城鎮猛烈轟炸，我同胞被犧牲者不
計其數，今倭藥庫爆炸，在因果上說，真是予以警告，
促其覺悟。

3月5日　星期日

晚七時陳圓白、屈文六、潘昌猷約晚餐，談籌備護
法息災法會事，擬推戴季陶為會長，並擬下星期一開發
起人大會。

辦理邊事最要之原則

　　凡在邊事機關服務之人員，應以整個的國家民族利益為前提，不可以狹義的民族利益為前提，尤其不可以邊疆問題為號召，而圖謀個人之私利。但歷年來邊疆政客，違反上項原則所在皆是，遺誤邊事，已非一日，而中央當局又多不明瞭，往往為此等政客之所愚。余職責所在，當力加反對，予以糾正之。

3 月 6 日　星期一

　　上午八時出席本會紀念週，即席訓話。略謂：抗戰第二期地點已接近邊疆，本會主管邊政，責任格外重大，社會期望本會甚殷，而指責本會亦嚴，希望諸同人對工作上積極努力。次又謂，國民黨是中國唯一救國、救民黨，諸同人凡有未入黨者，應即日加入。午後接見貴州教育廳長張志韓、第五戰區少將參謀郭心冬。據張云貴州教育自余立下基礎後，經近年人事之調整，頗有進步。又據郭心冬云，抗日軍事，雖人員武器已相當補充，但無反攻能力，而各級將士之戰略、戰術、戰鬥皆幼稚，此所以失敗之主要原因也。

3 月 7 日　星期二

　　蔣太太今日上午九時由城都飛抵重慶，惟仁特赴機場歡迎。午後四時出席行政院會議，余保舉四川老同志向傳義為蒙藏委員會委員，補潘雲超委員遺缺，潘此次在昆明衝車受傷身故。鄂中戰事在漢水東及京鍾路一帶，戰事之猛烈，為今年以來所未有，聞雙方死傷均達

五、六千人，成為一對一之比，為中日戰事以來從來未
有比率。最近其他方面軍事均沉寂，惟敵人現正進行肅
清我遊擊隊，以圖鞏固佔領區域。

3月8日　星期三

余自一月二日頭暈後，迄今兩月餘未敢入浴。今晨
八時特赴其春沐浴，擦下骯髒甚多，因此全身非常舒
適。午後三時接見沙王，伊表示擬回旗，並請求補助盟
旗保安、教育經費，以及成吉思汗移靈問題、蒙政各機
關權責問題。余答以可以回旗，俟請示高級機關，其他
問題，允以注意。

3月9日　星期四

倭機昨日四次狂炸宜昌，平民死傷慘重，常德、
襄、樊、西安、甯夏近日亦均被狂炸，死傷亦慘。鄂中
敵我大戰凶猛，我某部在鍾祥東與敵血戰數晝夜，我因
側擊敵人，轉移陣地，放棄鍾祥。就現況觀察，此次敵
人採取攻勢，恐將同時向宜昌，及漢水上遊襄、樊進
攻。果爾，多少與侵陝之計畫有關，至敵人大規模之活
動，恐將以本月十五日，日俄漁業滿期之談判結果，為
轉移也。

記偽組織發行偽幣

華北偽聯合銀行發行紙幣，禁止人民使用我法幣，
並強迫外國銀行使用偽幣，又實施外匯統一條例，是迫
使之有外匯之價值。外銀行如接受此條例，是不啻承認
其所否認之「臨時政府」有統制華北貿易，結果必使

外商歷年慘淡經營之商業完全消滅，滿洲即是顯著之先例。日人若得完全控制權，即可獲有大批外匯，用以繼續對我作戰，同時假造我法幣，在我內地流用，擾亂我金融。此種行為，真是可恨、可慮。不知英國能否對日本之對外貿易採取適當之報復，或國際間實施以經濟之制裁，更希望我同胞，認清真偽，拒絕使用，或亦抵制之一法也。

3 月 10 日　星期五

蔣太太日前到渝，住江北岸王宅，余午後往訪。此間冬季終日雲霧，乃天然防空，一到春季漸漸晴朗，為預防轟炸，積極疏散人口，本會已勘定城渝道傍之永興場為臨時辦公之所。今日太陽格外光明，氣候極溫和，乃入春第一日。

記英貸款五百萬鎊

英國貸我五百萬鎊鉅款，增強我匯兌平準基金，英負責人士認我信用良好。此次貸款目的，無疑係對倭警告，現當局正考慮更為有效之措置。英各界請政府實行具體報復方策，即以前主張對日採取妥協手段者，近已認為非採取報復行動，不能獲得滿意之結果云。此次貸款成功，影響甚大，我方對英當然表示感謝。尤其是英方將進一步考慮制倭，使我抗戰形勢增強，俄、美或將繼起壓迫倭寇。我們現在要內部格外團結，現在陣線勿使倭寇突破，若再苦撐相當時間，倭必奔潰，我必成功，是無疑問的。

3月11日　星期六

申叔以病後元氣未復，昨日因天氣溫和，出房至園中散步，偶感風涼，至夜咳嗽頗劇，特請須醫士診治。

3月12日　星期日

上午八時至國民政府參加總理逝世十四週紀念典禮，九時半至求精中學參加重慶市各界造林運動植樹典禮。

記本會科長朱章槍殺陳白塵事

朱科長章，江蘇邳縣人，清華大學畢業，高考合格，發蒙藏委員會服務，任科長已有五年之久，學術尚有根底，為本會科長中有希望者。于七年前取南京女子俞映華為妻，已生男女三人，俞氏頗具姿色，愛修飾、愛交際、愛打牌，社會咸論俞氏過于摩登，有失婦道。朱科長在平時已失管教之權，遇事將就對付，時起爭端。朱、俞二人卜居本會附近張家花園廿六號，適對面廿九號樓上住有劇作家陳白塵者，江蘇鹽城人，近因業餘劇團內部發生意見，即過獨居生活，很少與外間往來。既與朱家對面居，閒時憑窗眺望，對俞氏不免無禮，俞氏不為所動。適附近王家請客，陳、俞二人均被邀入席雀戰，自此暗遞情書，竟得廿餘封。繼因陳往南山游覽，不期（當然有約）與俞相值，據俞云陳如痴如狂，未為其所動。日前陳又寫情書用郵寄至俞家，約游南泉，不料該信即送至朱科長之手。朱見情話綿綿，即親往廿九號陳白塵處，請其遷往他處，而陳堅不承認與俞有曖昧行為。昨日（十一日）上午八時到會簽到辦公

後，忽回家，路見俞氏由陳家出來，不免氣憤填膺。隨
往陳家理論，一言未合，朱即拔出手槍，向陳連放四
響，陳竟中其三，即昏迷倒地。朱出事後逕往警局自
首，俞氏亦為警局所拘，此血案之經過情形也。聞俞映
華僅在職業校讀書（只有高小資格），學問既無，而染
得現代之惡習氣，又無家庭教育，根器既薄，故有如此
下賤行為。陳白塵則劇團出身，當然留于風花雪月，性
情流浪，其有此下流舉動，亦不足怪。朱章既受完全教
育，為何不事先對俞氏管束與防範，事後乃出此慘切手
段，志氣雖可嘉，究屬有犯法律，為此等下賤女子而犧
牲，亦至可惜，其愚拙可想見矣。總之青年男女應受高
等教育，否則萬不如鄉下有根基農人子女，賭博淫盜之
媒尤應力戒。由此觀之，生在都市男女，以及洋買辦，
或官僚、軍閥子女，平時不知教育為何物，其前途殊屬
可慮耳。

3 月 13 日　星期一

申叔今日過生。上午九時接見總管榮祥，他對沙王
頗有不滿之詞，蒙古意見由來以久，非一時可以調整
也。下午三時出席護國息災法會發起人大會，推舉戴季
陶為法會會長、張溥泉理事長、余等常務理事。

3 月 14 日　星期二

上午接見班禪教下丁傑呼圖克圖及班禪駐京辦事處
長朱福南等，丁、朱等新由西康來渝。關于班禪圓寂後
未了事宜，余特開誠以告，希望他們內部不要鬧意見，

絕對信用中央，則一切問題皆有辦法。又接見西康教育
廳長韓孟鈞（號文畦），暢論土人教育。余力主實際教
育，就是所學實合所用，不可務虛名，為國家添麻煩。
下午四時出席行政院會議。中國在七七抗戰之先，只有
公債廿二萬萬元，本日又通過發行軍需、建設公債各六
萬萬元，共十二萬萬元。連同七七抗戰後所發行之公債
及國庫券，現有總數六十多萬萬。

3月15日　星期三

上午九時接見貴陽中央銀行行長彭惕安。午十二時
設席招待江蘇參政員黃任之、江問漁等，黃等在過去江
蘇教育頗有勢力，近十年來因與國民黨不合作，故未能
活動。此次抗戰軍興，擁護中央，被選參政員，日內將
付川康視察。黃年過六旬，而面貌如四旬耳。午後四時
張文伯夫婦來訪，並云明日將就任軍事委員會委員長侍
從室主任。余深表贊同，如此可與最高領袖接近，可免
去湘主席下台後社會之輕視也。因過去長沙之大火，輿
論對文伯甚不諒解，但焦土抗戰口號由來以久，非文伯
之自造此口號，因此可原諒也。

3月16日　星期四

晚六時纕蘅兄約晚餐，有前四川省長、現巨伸張瀾
等在坐。張年六十有八歲，身體強健，發言響亮而爽
直，對于四川省政有很多批評。談至十時盡歡而散。
記捷克接受德國亡國條件
德軍五十萬侵捷克，同時波蘭、匈牙利兩軍出動，

會師捷邊。捷克總統哈柴與德元首希特勒合談接果，捷、德發表聯合宣言，捷克人民自三月十五日起，由德負保護責任，又居民一律發德國護照，捷克軍隊將被解散或改編，捷克對外不得派遣代表。捷克到了現在，已成分崩離析，將無法挽回其厄運，但推其原因，實由于最初德國侵捷之時，不思堅決抗戰，而忍辱退讓所致。不能專怪英、法之中途之賣友也，要怪捷克自身太沒有抗戰決心，也正是可作弱小民族之殷鑒。德國第二步要求，必然是美米爾、波蘭走廊、但澤自由市等問題，今後中歐將愈複雜、愈緊張。我們對捷克國運表示萬分悲痛，同時也證實弱小民族欲求獨立解放，則除了發揮積極抗戰而外，是別無路可尋的。

美國人謂，歐州十日內將發生變化，並以為各獨裁國家，在與英、法發生戰事之前，將各弱小民族民主國家一律征服云。日本評論德國外交政策，謂德國過去所標榜者為民族自決，今此問題已告一段落。今後德外交趨向，將向著重大日耳曼帝國之復興矣。

3 月 17 日　星期五

歐州局勢愈險惡，促進蘇俄、英國外交接近，盛傳美國內閣將改組，向主強硬外交之艾登將入閣，英、法同意召回駐德大使。蘇俄十五日開始拍賣遠東漁場，日俄漁業談判仍無結果，日宣稱決不接受。日俄將演變到如何，無人能肯定預為斷言。英外交界焦慮，以為日俄漁業將引重大糾紛。午後接見鍾南中學校長喬一凡君，談及該校由京遷渝之艱難困苦及經費之拮据。現有學生

五百餘人，該校與本會同租孤兒院房屋，出入同大門。
喬校長係江蘇江北人，前南京東南大學畢業，據云幼年
時在家讀經史，並看過佛經百卷。此人談風甚強，余與
伊初次見面，從表面上觀之，尚精明。晚七時出席行政
院談話會，談及現在陝、甘、甯等邊區共產軍與該地方
軍政磨擦日益尖銳化，有發生衝突之危機。正當抗戰最
後關頭，發生意見，真是不幸。

3月18日　星期六

午後接見四川金川廣法寺堪布、札薩克喇嘛羅桑喜
饒格西。此人駐藏約四十年，民國二十五年由西藏派至
該寺，照例該寺札薩喇嘛由西藏委派者。該寺于廿四年
紅軍經過時頗多損失，由政府酌捐款項，予以修理。晚
六時約張文白兄夫婦、公子及余夫婦、馴、申兩兒，家
府晚餐會，有昆田、國書作陪。

3月19日　星期日

英首相張伯倫大聲疾呼，英、法應加緊戒備，並謂
希特勒違反保證侵併捷克，今後對德已無人能加以信
任。最後說為國家安全計，不能不將一切國事由德侵捷
之出點，從新加以檢討。此為一九一四年英向德宣戰以
來，對德最強硬之表示，倘對德早操強硬態度，何至有
今日之狼狽。果真亡羊補牢，猶未為晚，但以英國之遲
緩，來應付法斯之急進，恐無多大之把握也。英、美、
法、蘇嚴重聲明，不承德兼併捷克。德對英、美、法抗
議牒文，已加拒絕。德又向羅馬尼亞進迫，並向羅提經

濟最後通牒，被羅拒絕。

3月20日　星期一

上午八時出席國府紀念週後，訪沙王，談蒙古應注意農業。十時至行政院禮堂舉行國民公約宣誓禮，計十二條，均係鞏固內部，摧毀敵人之信條。午十二時設席招待丁傑呼圖克圖，請喜饒嘉錯等作陪。午後四時接見本會委員孫繩武（新由青海回），談及青海省一般政治情形及第十四輩達賴轉世問題。

3月21日　星期二

午後四時出席行政院會議。據軍事報告大略如下，鄂中敵我兩軍現仍隔襄河砲戰，敵正在鍾祥以南集中軍隊，判敵企圖北取襄樊或西犯宜昌。襄樊為由東南入陝之門戶，連日以來皆被敵機繼續狂炸。宜昌若為敵佔，則渝受空襲威脅更重，因由宜襄渝其巨離較漢口縮短一半，其驅逐機亦可飛來也。

3月22日　星期三

午後四時接見中央撫卹委員會秘書劉瑤章君，談為故委員潘雲超先生請卹事，余當署名向中央請求。潘身後蕭條，遺下幼子，情形甚慘。老友蕭紉秋兄由港來函云已偕許汝為兄由滬到港，本擬即來渝，因汝為足疾，未克成行。又說伊家眷在滬，生活困難，託余向蔣委員長進言，請求接濟。余當即將原函轉蔣。

3月23日　星期四

記南昌危急

　　贛北我敵混戰中，修河、吳城、武甯均有接觸，南昌感受威脅。按南昌以北係以修水為天然之阻礙，過此以南即屬一片平地，敵軍渡過修水，則南昌更為吃緊。果南昌不守，浙贛鐵路中斷，其影響軍事前途甚巨。

記德國佔米美爾

　　德向立陶宛要求米美爾區，無條件限四十八小時內移交德國，立陶宛政府已決定接受。德軍昨午開入米市內，希特勒今天去視察。此真使弱小民族更為寒心，民主國家愈感激刺，希特勒得尺進丈之野心，無有已時。而于波蘭走廊、但澤自由市，恐又將繼米美爾之後，發生問題也。希特勒近數年之行為如打撲克，已成偷雞老手，倘有人敢看牌捉雞，他一定改變作風，不敢如此囂張。不知民主國家有此捉雞之決心否。

3月24日　星期五

　　午後七時出席行政院談話會。據云南昌軍事吃緊，敵人有三個師團分路前進。

記曾仲鳴之逝世

　　報載安南河內訊，廿一日晨三時，突有華僑青年四人闖入河內汪精衛寓，曾仲鳴被狙擊，受傷甚重，汪未受傷。曾于廿一日下午因傷重不治逝世，兇手有三人被捕云云。曾、汪關係甚深，曾時刻不離汪之左右。曾福州人，文字頗有根底，現任中央執行委員，前任鐵道部次長。余前與友人談，曾仲鳴五官端正，尤以地閣朝

天為奇,將來有希望。今次傷重逝世,豈面相不足為憑
耶,抑余相法程度太低耶,抑其內五行有死之相耶。不
過曾大頭、身材矮、聲音不響亮,或即此有以致死之
道也,同時曾夫人亦受重傷云。曾之死,可為知己之替
死也。

3 月 25 日　星期六
記趙友琴要求特任官

　　趙守珏（號友琴）,山西人,陸軍出身,身體強
健,熟習邊務。前任護送班禪入藏專使,因抗戰軍興,
未得入藏,中途東歸。余曾保其任綏境蒙政會指導長
官,因現任長官閻百川未便更動。繼又想派伊送青海所
覓第十四輩達賴轉世靈兒入藏,又因政治關係,亦不能
成為事實。近因察哈爾蒙旗久經失陷,擬派伊任該蒙族
政治推進特派員。他要求特任名義,而環境不須此名
義,余心力已盡,只好聽其自然演變耳。

3 月 26 日　星期日

　　蔣委員長復函,接濟蕭紉秋兄三千元,囑余轉
交。紉秋為吾輩友人中最苦者,蔣之盛意,余亦代為感
激也。
記德國八日之大勝利

　　德于八日間,併吞捷克斯拉夫,佔領立陶宛之美米
爾區,及與羅馬尼亞簽定經濟協定,使德有開發羅國資
源之權利。尤以併吞捷克,除獲得極大經濟原料外,更
獲得最佳軍械,足敷近代化軍隊四十師之用。又獲得

二千五百萬鎊之現金，及其他方仍可獲得一千萬鎊至
二千萬鎊之現金尚不在內，以兵不血刃，最短時間，得
最大之勝利，古今罕有。英、法兩國曾一度表示慷慨激
昂之態度，並擬連合波蘭、蘇俄發表共同宣言或國際會
議，現皆成為泡影。這都是一種轉移國內輿情，欺騙民
眾之煙幕彈。英、法既軟化，使侵略者更加為所欲為，
結果非變為世界大戰不可。德國過去以統一日耳曼民族
為號召，期得統制東歐州之企圖，今後將以收回舊德、
奧領土為號召，積極向外發展，自在意中。未亡之弱小
民主國，勿再苟安，勿再依恃他人，速謀自救之策，毋
蹈捷、奧之覆轍也。吾國尤應自力更生，求最後之勝
利，更應以捷、奧為殷鑒，願國人勉之。

3月27日　星期一

　　上午八時出席中央紀念週，同時參加重衛戍總司令
劉峙就職典禮。南昌外圍展開血戰，情形甚為緊張，若
無大兵增援，當難挽回。

3月28日　星期二

　　上午八時接見果洛代表。午十二時設席招待羅桑喜
饒及西藏代表。午後四時出席行政院會議。

記果洛

　　果洛，亦曰俄洛野番，地位在四川、西康、青海三
省交界，距松潘西北約六、七百里。性質獷悍，戶口約
四千戶，亦說只一千二百戶，向為政府命令所不及。
前次與青海駐軍發生衝突，殺軍兵四十餘人，旅長遇

害。嗣青海增兵進剿，該番等畏罪逃至松潘屬之黑水，依土官蘇永和（蘇稱霸黑水，前與川軍龔旅戰，龔為其戰敗。討共之後，蘇截擊赤軍，獲槍五千餘，從此聲勢更大，將來為患，甚堪注意）。此次果洛土官康克明、康萬慶等三十餘人來蓉，推代表數人來渝，其目的擬將果洛地方劃入川省。余接見時，細察彼等無文化、無衛生、滿身怪味，面似野人。這種未開化，萬難禮遇耳（禮遇一作理喻）。

記余或將入藏一行

此次達賴轉世一案，既經商定由國府派余會同熱振主持，至掣籤、徵認、典禮，或可派代表參加。是宗主權已握在中央，交涉有此結果，已屬匪易。乃社會有一部人士，認中央宜藉此特派大員入藏。由孔院長電駐英郭大使，謂余將取道印度入藏，囑其與英外部接洽。郭復電，英外部詢入藏人數及經過路線與時間，似有允意，則余入藏或將成為事實也。余知中央與西藏正式洽談之時機尚未成熟，但以身負邊事之責，自須勉為一行。現在之焦點有三：

一、為對英外交；

二、青海靈兒之放行；

三、為對藏之交涉。

現除外交已有郭大使辦理外，今日余特約西藏駐京代表午餐，面告以中央重視達賴轉世之意，並謂余將親往拉薩會同熱振主持此事，請即電告西藏政府云云。至于青海靈兒，現尚無起程確息。余當須俟此數問題有滿意解決後，始可動身。總之因緣有定，非人力可轉

移也。

3月29日　星期三

上午偕惟仁、申叔、魯書、馴叔、秀筠、蔣太太至賴家橋下車，乘轎至永興場二里之鄉間莊房子，察看該處房屋與地勢。預備將蒙藏會遷至該處辦公，並將各職員家眷搬至該處居住，以避敵機之轟炸。該場物產豐富，山水怡人，余擬在一森林中建屋數間，以作自住。又順遊老鷹岩、歌樂山，該二處本是渝市之風景區，自抗戰後，該區新建之別墅甚多，現在各機關又紛紛在該區建築辦公房屋，以成為敵人目標，今後未可樂居也。

3月30日　星期四

上午十時會客：

（一）見甯夏省教育廳長時子周，談西北黨、政、軍情形及達王被監視之經過。他以為西北應派大員坐鎮，統一各單地，與余所見相同，惜中央未能採擇耳。

（二）見重慶衛戍總司令劉峙（號經扶），談一航軍政。

（三）見西康省建設廳長葉秀峯，談先辦交通及開礦產。葉聞余將入藏，擬推專家偕往，余此行志在調整中央與西藏之政治，隨從簡單，未便應允，何況入藏尚未定耳。

午十二時設宴，招待青海政訓處長馬祿、教育廳長馬純武等。午後三時卅分列席國防最高會議，據報南昌

于廿八日午後（三時）淪陷。

記阿拉善旗達王被監視與時廳長之談話

　　甯夏屬阿拉善旗札薩克達理札雅（即達王）保安軍隊被繳械，在甯夏受監視，嗣又送蘭州。蒙委會始終未得甯、甘兩省府通知，故不知內情如何。現在許多人希望蒙委會邀達來中央，本人以為恐妨害主辦者之計劃，尤恐人疑本人欲見好于達，因未照辦。如有甯、甘兩省府正式來電主張，本人當可據以轉請中央，否則有蔣委員長手令亦可遵辦。總之如此重大蒙旗事件，經過數月，蒙委會毫無所聞，而亦無權力與聞，實在慚愧之至。現在之邊疆省政府，即係前清之將軍都統，而蒙委會則為理藩部。焉有將軍都統所辦之事，而理藩部不知，亦怪事也。

記南昌淪陷

　　自武漢、廣州放棄後，即入于第二期作戰，並以改守為攻，轉敗為勝，達抗戰勝利為目的。數月以來，積極整理軍隊（尚未完成），一面固守各陣地。而敵人以南昌乃我軍重地，利用鄱陽湖運輸，襲擊吳城、涂家埠，威脅我修河陣地側後方，因此南昌不守。當此第二期抗戰將開始之時，有此失利，不獨于交通、軍事、經濟受打擊，且于一般人心理對于抗戰必勝之信念，或不免有疑慮也。

3 月 31 日　星期五

　　本會政治訓練班畢業學生將分赴邊疆各調查組工作，日內起程。余特于本日午後三時召集該生等茶會，

並訓話。大意教以做人做事之大道，對同事要和睦，對邊人要尊重他的習慣，對所在地方行政官吏不要與他生事。尤以邊地花柳病盛行，應格外注意衛生，並告以通信及報告秘密之方法。說話有一小時之久，其精神等於家長對子弟，因彼等遠行，故應以十二分誠懇態度表示耳。晚七時出席行政院談話會，並晚餐。

4月1日　星期六

上午會譚聲丙，他託余函介貴州省當局，余告以即去函恐無把握，余如對你敷衍，作一普通介紹函未嘗不可，未免不忠實耳，譚深以余言為然。吾人無論對何人，總要說老實話，雖所求不成，必能予以原諒。午後接見鄧鳴階，他談及四川政治暗礁甚多，尤其黨、政、軍不能合作，因此有六十縣發生土匪問題，無法清剿。晚應劉經扶宴，有徐永昌、張伯璇、邵力子、陳辭修等在坐。

4月2日　星期日

上午九時半接見前漢口市長、現任國防最高會議秘書室處長吳國楨，談國防會議審核調整蒙古政治機構案。余主在抗戰期中維持現狀，免生事端。午後接見班禪辦事處副處長朱福南，他希望余對班禪內部有所主張，余以其內部意見太多，要他自行團結。晚間柏烈武來，彼此會商擬推王葆齋為安徽臨時參議會議長，並擬約馮煥章署名。

4月3日　星期一

上午九時主席本會紀念週後，繼續舉行全體職員國民公約宣誓，並作簡單報告。又說明本會遷移鄉間辦公。午後訪蔣雨岩，又回拜時廳長子周、劉總司令經扶。

記國民公約宣誓對各職員之訓話

略謂為抗戰必勝，建國必成，施行精神總動員法。

其精神中之精神，就是國家至上，民族至上，軍事第
一，勝利第一，意志集中，力量集中。但國民公約乃此
種精神之一部，全國國民固應一律奉行，為公務員者，
不但自身應奉行，更應勸導人民。

記對職員說明移鄉辦公

政府為顧慮敵機轟炸，積極疏散渝市人口，政府各
機關亦一同疏散。本會已擇定賴家橋永興場鄉間為本會
辦公及各職員家屬住所，惟臨時所覓房屋當然不能完
備，雖有比較大小好壞之分，就無多大出入。現在前方
將士、戰區同胞，生命時在危險之中，談不到什麼起
居，倘欲求如我們現在鄉間住屋與飲食者，真夢想所不
及也。鄉間人民忠厚，知識淺薄，本會職員及其家眷居
鄉後，對于當地人民須格外客氣，尤其購買物品，總使
人民稍有好處，萬不可爭多較少，致傷感情。

4月4日　星期二

午後四時出席行政院會議。現在又有和平謠言，敵
人每次總攻之先，必有和平空氣，吾人應特別注意，勿
為所騙。

4月5日　星期三

午十二時朱騮先宴沙王，約余等作陪。午後四時偕
蔣雨岩遊李家花園，該園建築在高山上，可望嘉陵江、
楊子江風景，花木亦頗茂盛。晚應沙王宴，有政府各
院、部會長官在坐。

記日俄漁業問題暫告段落

日俄簽定漁業臨時協定，日方所繳租費提高，條約有效期間至本年底。日本這次在漁業糾紛中極裝腔做勢的能事，想以虛聲恫嚇達到他的目的，不料俄國不顧一切，始終態度強硬，決定依法拍賣漁場，日本只得讓步向俄國屈膝。世界所重視之日俄漁業風潮，至此告一段落，日本外強中乾，大大暴露。

4月6日　星期四

偌子今日上午由蓉到渝，家眷仍住成都。重慶各界慶祝馬相伯老先生百齡壽典，于下午五時在銀行公會舉行盛大慶祝會，會場布置莊嚴燦爛。國府林主席、蔣委員長、各部會長官及余等，均出席參加，盛極一時。此等百壽典禮，余生平第一次參加（詳情另有記載）。六時半衛戍總司令劉經扶宴沙王，七時半本會高級職公宴沙王，余均親往作陪。沙王日內將返蒙古。

4月7日　星期五

今日余五十六歲生日，特偕偌子、纕蘅于上午九時赴南溫泉遊覽，並沐浴，即在該處午飯，午後回渝。一年一年過得真快，自問公私均無進步，殊深漸愧。

記日本在遠東對英法採取攻勢

果歐州極權國家與民主國家，一旦發生戰事，日本必侵略英、法，採取攻勢佔領英、法在遠東屬地與在華之租借地，一面對蘇俄採取防禦攻勢。日本欲以最經濟之財力及人力，而得最大之收獲，為實行此項之軍事新

計劃，故前次佔領海南島，最近佔領斯巴特萊群島，更
可證明日本對英、法進攻之準備業已完成。海南島及斯
巴特萊群島既為日本所佔，則新加坡與香港之交通，隨
時可為日本截斷，而上海、天津之英、法軍，亦必陷于
孤立。日本現正積極侵略中國，一面等待國際機會，民
主之英、法、美各大國，要速籌對應之策，否則悔之晚
矣。法國雖提出抗議，聲明斯巴特萊島乃法國利益之合
法範圍，日本恐不會輕于退出，聞已拒絕抗議。

4月8日　星期六

　　上午曾養甫來訪，談及一般黨政問題，伊將赴雲南
整理滇緬公路。午後接見土默特旗總管榮祥、綏蒙會指
導長官及公署參贊石華嚴，伊等日內返榆林。接見青海
駐京代表趙沛、教育廳長馬紹武，他們對于果洛代表
來渝請願，表示青海省政府意見。余答以中央對地方長
官意見素來尊重，斷無偏聽少數土人話之理。晚七時蔣
委員長為沙王餞行，約余作陪，另有青海省政府秘書長
馮國瑞、民廳長郭學禮、騎兵第二軍長何柱國等在坐。
蔣對沙加以安慰並推重，沙非常滿意，蔣送沙旅費二萬
元，禮品一萬元，更可謂優厚矣。

4月9日　星期日

　　佶子、繼薇來作終日談，非常歡慰。晚六時鄒海濱
夫婦，約余夫婦晚餐，有覃理鳴夫婦、何雪竹夫婦在
坐，鄒、覃、何均係老同志，與余談話，更覺暢快。

記義阿之戰

　　阿爾巴尼亞為歐州之小國，人口僅一百五十餘萬，位于巴爾幹半島之西部，人民富有獨立思想，履為爭自由而流血。義大利軍隊八日晨犯阿疆土，義阿戰爭于是爆發。義海陸軍出動，阿動員已有二萬六千人，奮勇抵抗，以弱小之阿國抗強大之義國，如同雞蛋擊大石頭，結果失敗，是無疑問的。當義軍進襲都拉索及代洛那時，阿人不分老幼，一律加以作戰，即幼童無槍，亦以石塊進擊登陸之義軍。其犧牲精神，殊令人十分欽佩，較之捷克、奧國一槍不放而亡國者，不可同年而語。最可憐者，皇后新誕生一皇子，已抱其嬰兒越境避入希臘。

4 月 10 日　星期一

　　上午八時至國府出席中央紀念週，繼開談話會。據外交王部長報告，西班牙既加入德、義、日防共協定，最近義大利佔領阿爾巴尼亞，因此歐州局勢忽告緊張，有爆發戰事之可能。在中日戰事未結束之前，假定歐戰發生，很于中國不利，亦有人說于中國有利，兩說各有理由，深堪注意與研究。軍政何部長報告，近一旬各路戰事無大變化，我軍現正舉行全線反攻，若不如此，敵人往往集中兵力攻我一點也。回看何軍長柱國。至市民醫院看居院長覺生病。晚六時國府林主席召宴沙王，余作陪。

4月11日 星期二

上午接見青海民政廳長郭學禮，談果洛問題。午十二時設宴為沙王餞行，約劉總司令經扶、何軍長柱國、榮總管、石參贊等作陪。午後四時出席行政院會議。

記馬相白先生百齡慶（大名馬良）　此稿纕蘅代擬

先生生于遜清道光二十年（一八四〇），至今年民國廿八年（一九三九）恰為一百歲。余于四月六日午後五時赴銀行公會致祝，先生道德文章，海內皆知，無待贅述。其克享大年原因，蓋有數點：

（一）起居飲食有節，身體鍛練能耐勞苦，合于君子
　　　自強不息之原則；

（二）意志堅強，精神愉快；

（三）有宗教修養。

以上皆其犖犖大者。

先生為吾國輸入科學之先進，除博通方言外，尤旁通星象曆數之學，均有著作流布。其創辦上海震旦學校，為光緒癸卯，越二年（光緒乙巳）震旦散學，始創復旦，是時先生年六十有六。國民黨同志如于君右任、邵君力子均在該校肄業，今則兩校弟子遍國中矣。余民元任南京警察總監，先生時任府尹，共事一城，甚為契洽。民廿六政府移川，余道出桂林，訪晤先生，並與黃旭初合撮一照，信為難得紀念。余生平敬禮高年，殆出天性，所至之處，罔不留意，然為百歲老人拜壽，尚係第一次，尤值得紀念也。

4 月 12 日　星期三

　　晨七時廿分回看曾養甫兄。他說很早，余告他你年甚輕，亮光時間較多，我年已長，亮光時間較少。故老年人應格外愛惜亮光、寶貝亮光，積極為社會大眾服務，俾臨命終時，心安理得。午後五時甘肅教育廳長鄭通和來訪，鄭安徽人，教育專家，有名之上海中學即由伊承辦者。留晚飯，暢談四小時之久，他表示將來願與余共同辦事，余甚感其意。

4 月 13 日　星期四

　　上午蔣雨岩來談，蔣先生約他日內談話，他想請求出洋奔走外交，詢余意見，余十分贊成。接見青海民、教兩廳長及駐渝辦事處長，他們接馬主席電，以為果絡在青犯罪，不應來中央請願，邀求將果絡設立數縣，並駐相當軍隊，而果絡欲將該地劃歸四川。余主張應維持馬主席面子，一面使果絡得以安慰。至設縣劃界，應由中央派員察看，再行決定，並促果絡代表早日離渝，暫回四川松潘之黑水地方，服從該地方官命令，靜候調解。午後接見喜饒嘉措格西，暢談余將入藏之抱負與至誠。晚七時應朱騮先宴，係為吳鐵城送行，吳將赴香港，約余及何雪竹、劉經扶、張文白、賀貴嚴、陳樹人、王亮疇等作陪。

4 月 14 日　星期五

　　鄉人王德均君，前在本省辦中學，因與教育廳長楊廉發生衝突而罷職，嗣赴美國留學，年前回國，在交通

部郵政方面服務。昨日來見，相見甚歡，而楊廉前次因
案現在獄中，因果無常，于斯可證。晚七時出席行政院
談話會，適軍政部何部長應欽五十大壽，同人即晚舉慶
祝。我軍各路反攻均有進展，尤以進攻開封省城影響最
大。英大使卡爾日內將到渝，因此和平空氣又趨濃厚。

4月15日　星期六

記安徽省府擬將合肥分為二縣

　　接安徽省府張委員義純來電稱省府常會決議將合肥
劃分二縣，原則通過，呈請行政院核奪，並派員履勘。
純雖任省委，此次在軍（大別山），未得出席，其所將
合肥劃分二縣原因，不外縣大難治，縣城現為敵佔等
詞。但人多縣大者亦不僅合肥一縣，敵人佔縣城乃係特
殊現象，若不顧四鄉調節實際情形，劃分二縣，徒增糾
紛，于抗戰實際無補。除已電請省府廖主席將此案提會
復議外，特請就近向行政院建言，以期將此案撤銷等
語。余隨即復電略謂，合肥為皖中重鎮，歷史悠久，其
政治、經濟、地理、文化諸端均有不可分之關係，如遽
予劃割，尤非所宜。乞轉告廖主席及省府諸同人，如該
案尚未送出，即請撤銷為幸，否則內外之合肥人士，均
所反對也云云。值此非常時期，辦此不必要事件，殊屬
輕舉。或有地方政治作用，以為合肥人勢力太大，借此
分化，亦未可知。果行政院討論此案，余定絕對反對，
不稍遲疑也。

4 月 16 日　星期日

正午十二時，陳教育部長立夫宴沙王及果洛代表等，約余作陪，席間暢論邊疆教育與衛生。軍委會發言人談最近兩週來，我軍在南北各戰區戰事，比較活動，但就一般情勢觀察，已獲極大之戰果，敵到處受困云云。能攻方能守，乃必然道理，此次反攻，甚合時宜，英報讚揚我軍反攻順利。

記美國向德、義提重要交涉

美總統羅斯福見歐局嚴重，突向德、義兩國提重要交涉，大意列舉各該國數年來在歐州所佔據之地方，並詢以能否提供保證，至少在十年之內尊重歐州各國之主權獨立、領土完整。德、義兩國若果接受此議，則美國即當要求其他各國在經濟上與德、義合作，並助其取獲必要的原料品，以為交換條件云云。美國此舉，所謂之孤立政策，門羅主義，一律打破。倘能成功，羅總統造福人類，值得歷史記載。現在歐局已至短兵相接，和戰亦至最後關頭，果德、義贊成美國提議，歐局自可苟安，而民主政治各大國，當然轉移勢力到遠東，則日本必受威脅。此于中國抗日，最為有利，否則第二次世界大戰之爆發，不過時間問題耳。我們當此國際形勢急轉直下時候，要注意內部勿生變化及維持現在戰線，以求最後勝利。

4 月 17 日　星期一

上午八時至國民政府出席中央紀念週，繼開談話會。主席報告中央監察委員，老同志謝持慧生兄病故，

同人均主從優議卹。謝六十四歲，四川人。偕蔣雨岩兄
到市民醫院看居院長覺生兄病，居最先患很輕肺炎，漫
漫變成肋膜結核，今晨施用手術，經過良好。惟居年事
已高，抵抗力薄弱，隨時可以發生變化，似未脫離危險
時期。余至病榻晤面時，尚與余握手，精神甚佳。午後
五時，陳靄士先生陪同西康貢噶山貢噶寺貢噶呼圖克圖
來晤。該呼圖克圖像貌堂皇，沉默寡言，一望而知有道
行者，在重慶居住一年有餘，從未來本會活動者，以貢
噶呼圖克圖為第一人也。伊將回貢噶寺修法，余特致函
西康劉主席予以便利，又介紹現在城都之章嘉呼圖克
圖與之見面。貢噶山比喜馬拉亞山低二千尺，世界第三
高山。

4月18日　星期二

　　午後四時出席行院會議。據外交當局報告，歐州有
隨時發生戰事之可能。就余觀測，歐人對于上次大戰恐
怖，迄未忘懷，一般人心理均畏戰，且德、義兩國兵不
血刃，得許多領土，如再接受美國平和提議，又可相當
解決經濟及原料問題，真是千載難逢之機會，何況戰爭
不能有一定勝利之把握乎。總上原因，論理，目前不致
發生戰事。

4月19日　星期三

　　清晨八時偕申叔到春沐浴。本日見客較多。丁傑呼
圖克圖來談班禪靈襯回藏事，余告你們自行向方交涉，
若無效果，中央當仍負你們責任，不過中央對西藏說話

機會未至。前護送班禪入藏專使趙守珏來託他的報銷事。青海民廳長郭學禮來辭行，順談果洛及達賴轉世兩事，余託他向馬主席致意，本會與青海關係獨多，請馬主席多多幫忙。沙王、榮總管、石參贊明晨乘車北返，先後來辭行，余多方勉勵，為國努力。柏烈武兄來商王葆齋謀皖參議會議長事，余深表同情。

4月20日　星期四

沙王今晨北返，余特往新村五號送行。沙王此次來渝，中央特別優待，除任國民政府委員外，蔣委員長送旅費二萬元、禮品一萬元，本會及各院長亦分送禮品。在招待一方言之，可謂無微不至矣，而沙王人太忠厚，受群小之包圍，未免可惜耳。午後偕蔣雨岩參觀重慶大學，該校臨嘉陵江，風景幽美，由葉校長元龍陪同遊覽一週。又至南開中學看馴叔，雨岩亦至該校看伊女公子等。

4月21日　星期五

中央執行委員會為加強領導及推進重慶市黨務工作起見，曾遴派余及蔣雨岩、焦易堂、賀耀祖等四十人，協助市黨部組織重慶市黨務推進委員會，于本日上午十時在市黨部正式成立，余親往出席，推定辦事人員。晚七時出席行政院談話會，並晚餐。余報告西藏歡迎余入西藏之經過（約四十分鐘），並發表示余之個性忠信不欺，為做人做事之原則，亦即生活之工具也。聲明余任蒙藏會以來，既未錯事，亦未誤事，此行以在安西藏之

人心，立中央之信用，十分自信，決不致將藏事弄壞，
請同人隨時指導幫助。全場感動。

記西藏代表阿旺桑丹等來會報告歡迎余入藏

關于吳委員長親自到拉薩一事，代表已接藏政府回
電云吳委員長重視達賴轉世事，擬親到拉薩，西藏亦甚
表歡迎。委員長未動身前，請電令青海紀倉佛偕靈兒先
行啟程，希望吳委員長由海道赴藏，較為便捷云云。

4月22日　星期六

英將邀請我國參加反侵略戰陣線，時間在英蘇協
定後。

記朱科長出獄

朱章與陳白塵情殺案，社會一般人士無不同情于
朱，良以正義所在，人心皆然也。余日前曾為朱向司法
當局緩頰，據稱吾等對朱均表深切之同情，惟在法律上
彼究屬犯罪，當從寬處理，使其寬至不可再寬。陳則行
為可鄙，當從嚴懲處，俾嚴至不可再嚴。嗣經庭訊後，
朱即交兩千元保釋出，余並為湊洋一千二百元焉。朱出
獄後，即至余處叩頭道謝，余比慰之曰，就國民黨言，
吾等為同志；就蒙委會言，余為汝之長官；就年齡言，
余為汝之前輩，故余為之幫忙，乃理所應然，毋須謝
也。至汝之錯誤，厥在平日未能防微杜漸，及被感情與
情面所迷蔽，以致養癰貽患，不可不嚴自反省云云。彼
甚為感動而去。昨法院宣判，朱判徒刑二年，緩刑三
年，頗為合理。朱妻判刑六個月，緩刑二年。陳白塵則
以病未出庭，故仍未宣判耳。

4 月 23 日　星期日

午後與偖子、纕蘅研究入藏各種問題。目前最關緊
要者，就是經過印度須得英政府同意回話，與青海靈兒
入藏兩大問題。最近美國艦隊突然駛返太平洋，及美政
府聲明對于日方限制長江之航行事，將重向日提抗議，
將使二國之關係更趨惡化。

4 月 24 日　星期一

上午八時出席中央紀念週，繼開談話會。據軍事報
告，自全線反攻以來，各方均有收獲，敵人疲于奔命，
我軍事前途確趨良好云。如此，敵戰略已經失敗，我現
在反攻，尚非主力反攻，乃是全部遊擊戰，與一部機動
戰。此等戰略，適合時宜，我最後勝利，更有希望。據
外交報告，歐州形勢仍緊張，和戰與否，尚未能定。孔
院長繼謂，外傳英大使卡爾此次來渝，調停中日戰事，
須知英國亦係反對日本者，如何可以調解。聞美羅斯福
總統有言，果世界和平成功，中日戰事當可結束，否則
世界大戰，反侵略陣線，必邀中國加入作為與國，亦是
于中國有利。午十二時何部長芸樵約便飯，有何敬之夫
婦、賀貴嚴夫婦等在坐。

4 月 25 日　星期二

上午十時搬回新村五號。交通部張部長請午餐，張
岳軍等在坐，余大說入藏精神及治邊計劃。午後四時出
席行政院會議，據軍政部長云，今年歐戰不致發生，
因德國汽油與經濟均未準備完全，明年確有發生戰事之

可能。

4月26日　星期三

上午八時偕蔣雨岩乘汽車赴嘉陵江邊北碚遊覽，沿途風景甚佳，惟該處洋房建築過多，已成敵機目標。在溫泉餐館午餐，午後六時回重慶。

4月27日　星期四

上午偕纕蘅回拜雲南省委周惺甫，又訪國防最高會議參事鄧鳴階。余擬以蒙藏委員會委員長名義入藏，擬組織委員長行轅，並約羅佶子兄任行轅秘書長，已得同意。

記與周惺甫委員談雲南佛教事

關于滇境麗水勝聖露呼圖克圖晉封尊號事，余因就佛教與政治之關係暢言之，並舉一例，謂章嘉現在供職中央，日本雖利用德王別立偽府，而蒙旗人民以活佛在川，仍堅內向，其關係之重如此者。又謂滇中有多數大寺及佛教徒主政者，安可輕視，致失人心。再就毗連滇境之康、藏及緬甸、暹羅言，皆佛教最盛之區域，現日本已遣派多數佛教徒深入緬境，多方誘惑反英，間接妨害我抗戰，尤予滇省重大影響，我方即為應付敵人計，為諜報計，亦應注意及此。復次佛教亦哲學之一，佛教之念佛修觀，與儒家之明心見性同一修養，不得謂之迷信。惺甫聞余言極動容，此君研究佛學有年，且明習政治，如能以余言轉告龍主席，或可轉移其觀念也。

4 月 28 日　星期五

晚七時出席行政院談話會，並晚餐。路透電消息，華北準備銀行紙幣，近日大跌，今日（廿八）又復下降，今日市價為每百元偽幣易法幣須貼卅二元。又包頭市面混亂，偽幣等廢紙，因此日元紙幣亦隨之下跌。足見我法幣準備完實，令人心快之至。

4 月 29 日　星期六

上午到會辦公。下午約見外交部簡任秘書段夢蘭（號觀海），擬請其與余赴西藏，他甚表同情。段外交情形甚熟，人亦忠厚和平，係段芝老本家，與余素有往來。晚七時應財次徐堪宴，有張文白等在坐。傳美國參議員畢特門已提出議案，主張授權總統，對于破壞九國公約國家（即指日本）可以發布命令，限制美國與其貿易。洵如是傳，則無異給日寇當頭一棒。畢氏此次提案直接保護美國利益，間接援助中國，真不愧遠大政治家，我們不但感謝，並且佩服。

4 月 30 日　星期日

英國向來是募兵制度，因受德、義軍事之威脅，決實施徵兵制，為增強反侵略之陣線，早應實施此制。果英、法積極準備軍事，態度強硬，大戰或可暫免。纕蘅約周惺甫、胡政之等晚餐，余與佶子等作陪。

5月1日　星期一

上午八時出席中央紀念週，繼開談話會。十時到會辦公。下午七時半在軍事委員會舉行節約總獻金及全國國民精神總動員國民月會開始典禮，余往參加。蔣委員長親自主席開會，並舉行國民公約宣誓典禮，蔣並廣播演講，勗勉國民檢討精神缺點，澈底除舊布新，喚起淪陷區域同胞共同努力云云。共計獻金二百卅〇二千餘元，禮成後舉行火炬遊行，全場精神，至為振奮。

5月2日　星期二

午十二時卅分，張文白兄請英大使卡爾午餐，約余及何敬之、張岳軍等作陪。午後四時出席行政院會議，據軍事當局報告，上月間全線反攻斬獲極鉅，此不過各戰區之威力偵察，至主力反攻時期，現尚未定，前途大可樂觀，余聞之十分歡慰。又南昌附近戰事激烈，有攻下之可能，通城方面亦展開血戰，敵確已疲于奔命，士氣大為不振。

5月3日　星期三

午十二時半約上海銀行同人周滄白、鄒秉文、趙漢生、李其猷等六人午餐。周等係陳光甫兄知友，余與光甫又係至交，光甫現在美國辦理國外貿易及借款事，因周等平時事務冗忙，無暇見面，特約午餐，順便暢談。至十二時五十分正開餐，忽敵機進襲渝市，在繁盛區域大肆轟炸，並投下燃燒彈甚多，延燒甚烈。總計敵機投彈不下百餘枚，其中燃燒彈佔一半，投彈區域極廣，在

市區方面計有蒼坪街、大樑子、打鐵街、陝西街、新豐街等處，起火處以新豐街一帶延燒為最烈，火勢蔓延，烈焰沖天，直至傍晚，始告撲滅。至死傷人數，當然甚多，惟一時尚未查出。其損失之區，為重慶市從來所未有，而死傷平民慘狀及家室被炸、被焚，無處可歸之難民，露處街頭之悲慘情形，非筆墨可能形容者，深堪惋惘。不過發出空襲緊報十五分鐘後，即發緊急緊報，時間不免太促，人民不及逃避，此等防空缺點，應迅速加以改進與糾正。

5 月 4 日　星期四

護國息災法會本日上午十時在長安寺行開壇典禮，余親自出席參加，國府與行政院均有代表出席。適空襲警報，余隨回新村，但街市秩序甚亂。午後六時半敵機廿八架轟炸渝市，其人民死傷、財產損失無法數計，悲悽情形數倍于昨日，詳情另記。余與惟仁、申叔均在鹽務總局防空室，該室建築完備。

5 月 5 日　星期五

本日為革命政府成立紀念日，上午八時中央黨部在國府大禮堂與國民政府合併舉行紀念儀式，余往參加典禮。林主席領導行禮並報告紀念意義後，蔣總裁報告昨日重慶遭敵機慘炸，積極救濟難民方法，全場感動而興憤。晚七時出席行政院談話會，討論重慶市慘炸之善後。

5月6日　星期六

午後接見駐阿拉善旗軍事專員鄭子獻，伊新由阿旗回渝，報告阿旗達理札雅（即達王）被寧夏省當局繳械及監視之經過，及達與鄭之誤會。又見周惺甫君，他日內回雲南，蔣總裁擬任他為內政部長，尚在謙辭中。周在雲南政治中資深望重，龍主席甚為推重，果能就內政部長，則中央與雲南之感情，自當更加切實。龍主席通電全國，勸汪遠遊，免為敵播弄，此等明白表示關係重大，益使西南抗戰團結精神之表現。

補記五月四日敵機狂炸重慶市

敵機廿七架于五月四日午後六時卅分竄入重慶市，在繁盛之商業區與平民住宅區濫施轟炸，並擲燒夷彈甚多。各區即中彈起火，紅光滿天，通宵未息，商店住宅多被焚燬。各國領館、外僑及文化機關亦多波及，德領館被炸，英、法兩領館亦均遭轟擊。聞敵人這次用的轟炸機係新由德國購來最新式者，而德領館即被炸，真是因果報應。自來水亦炸壞，飲水中斷，好在楊子、嘉陵兩江，即在近處，取水尚不十分困難。各日報館亦犧牲慘重，因水電、交通及印刷發生障礙，一律停刊，暫由各報發行聯合版，每日發行一中張，聯合出版發行在將來中國報業史上，乃係首創之舉。蔣總裁及政府同人對連日被災之難民異常關切，蔣于五月五日紀念會之機會，勗勉黨、政、軍工作人員全體動員，努力從事難民疏散、救濟工作，並立撥一百萬元施行緊急救濟。又令本市各公私汽車、輪船、木船等交通工具，于五、六兩日概行免費輸送難民。黨、政、軍各機關，文官院長、

副院長捐薪三個月，部會長官捐薪兩個月，薦任以上捐薪一個月，作為救濟難民之用。此次被難同胞，多半是家破人亡，慘不忍述，其全市損失、死傷（較五三加數倍），亙古所未有。此種殘暴獸行，益堅我努力殺敵之念，此等慘痛，百世難忘，此等仇恨，百世難解，何敵人愚蠢若是乎。

5 月 7 日　星期日

接見新疆舊土爾扈特旗東部盟長敏珠策旺多濟，敏通俄文語，漢語亦佳，曾由新入西藏進香，經印度由海道回國，在蒙古王公中有新知識者。但與新省當局意見不合，不能回旗，中央對伊亦甚禮遇。惟自抗戰發生，伊尚住北方，曾一度來漢口，又北返，因此社會對伊頗多懷疑與議論。本會正在研究，忽伊攜眷到昆明，個人來渝謁見當局。某日擬飛返昆明，忽被特務人員扣留，以其情形可疑，須加以偵察，結果無積極證據，仍交由本會辦理。余今晨見伊，多方加以安慰，一面聲明負他全責，他深為了解，又勸他將家眷接至重慶居住，伊深表同情。總之吾人對于邊地人士向主寬大，即有違法情事，亦較漢人減輕。

5 月 8 日　星期一

上午八時出席紀念週，戴院長季陶忽頭發暈倒地，不知人事，有數分鐘始醒，正與余一月二日所患之頭暈病相同。德、義締正式政治軍事同盟，加強軸心一種姿勢，劃定兩國利益範圍，義地中海全部，德中歐及波羅

的海，這事件，事實上早已是同盟。

5月9日　星期二

　　午後五時出席行政院會議，通過以達理札雅（即達王）為蒙藏委員會委員，係由西北行營主任程頌雲向蔣委員長建議者。紛擾經年之達王問題，至此告一段落。

5月10日　星期三

　　上午八時接見班禪行轅暨西藏僧俗民眾慰勞前方將士代表拉敏益西楚臣等，余對班禪靈襯回藏表示如下意見：根據班禪行轅意見，規定由該行轅直接向藏方商洽，若商洽無結果，而願停止進行時，應將經過情形報告本會，並提出靈襯回藏所希望之條件，本會即依據所提條件，向藏方斟酌交涉云云。戴季陶兄來訪，他的精神與身體均狼狽，氣色亦不佳，要求飲白蘭的酒，連飲六大盅，我阻止不聽，並說不能久于人世。對于我入藏，極表同情，他亦有將來入藏之意。彼此感情最好，觀其身體衰弱，非常憂慮。

5月11日　星期四

　　本會本日移鄉。上午八時到繐蘅家晤參政員江庸，江法律專家，年六十二歲，頭腦清楚。重慶英國領事館被炸，駐日英大使奉英政府令，向日提抗議。倫敦曼哲斯特導報社論稱歐州人士因關心一己之安全過切，致對於中國方面之局勢，似有日漸遺忘之象。要知中國人民現正有大難當頭，而吾人目前各項問題之中，亦以中國

問題最為切要，最為嚴重云云。歐人果早覺悟，日人何致若此耳。

5月12日　星期五

昨今兩次與佶子談入藏人員組織問題。午後劉石菴偕廣西建廳長陳傑夫、皖建廳長蔡灝（號公望）來會。晚七時敵機廿七架襲渝，經我高射砲擊落三架，在平民住宅區投彈數十枚，江北縣大火，死傷損失尚未查明。晚八時出席政院談話會。

5月13日　星期六

戴院長季陶今晨六時飛城都養病，余赴機場送行，順便談及余入藏事，彼此意見大致相同。敵軍突佔鼓浪嶼租借地，該地位與滬公共租界相同，其佔領之意，蓋在試探列強對于遠東所取之真正態度，俾知將來敵方若對滬公共租界或其他外國享有特權地帶，亦採相似行動，究可得到何種之反響。以現在歐州極為不安之時，敵實有佔據滬租界之可能。

5月14日　星期日

惟仁心臟過弱，一聞空襲警報，心發慌，腿無力，于今日遷移永興場居住。余特于晨六時偕惟仁、申叔、昆田至南開中學，接馴叔一同至新橋鄉下看居覺生司法院長之病。十時到永興場，午後送馴叔回校，余仍回新村居住。晚七時約桂建廳長陳傑夫、皖建廳蔡公望、金大農學院長張之汶等便飯，劉石菴等作陪。

5月15日　星期一

上午八時出席紀念週，據外交報告，日人利用歐州緊張局勢，向滬公共租界提出種種無理邀求，英國異常狼狽，隨時可以出事。據軍事報告，敵人最近分三路（信陽、襄河、襄花路）向我桐柏山附近猛攻，敵死亡約八千以上，我之死亡亦相等。敵包圍計劃已失敗，其企圖係在佔南陽，進攻襄陽、樊城。又據報現已查明敵機轟炸渝市三、四兩日，我國同胞死亡三千四百十人，十二日死亡一百十人，其他正在檢查，尚不知若干。此乃抗日以來，敵人轟炸城市最大死亡，負傷者難記其數。

5月16日　星期二

襄叔來函，云積芳姪媳于本月六日午後七時產生一女孩，母女平安，聞之欣慰。余依吳家輩字，取名振家，並給法幣一百元為月中之用，並函告道叔姪。何芸樵夫人在港病故，余與蔣雨岩于午後四時親往何宅慰問。據何云內政部將讓雲南周醒甫，擬調何任振濟委員會委員長或國府委員，彼正在謙辭中，余勸何免任其難。午後五時出席行政院會議。

5月17日　星期三

記羅偌子兄作余名字考

余去歲夏間留漢口，偌子兄自湘來訪，一日偶譚及余之命名事，偌子為援引經史作名字考，語雖簡括，而所以期勖者甚殷也。原文如下：

吳克忠信，胤嗣乃長，此班孟堅述韓、英、彭、盧、吳傳贊語也。按吳芮在秦為鄱陽令，秦亡，入漢封長沙王，為高祖功臣之一。班氏於韓、英諸人中獨以忠信推吳，而祿祚亦最永。聞禮卿兄幼時在塾讀論語至主忠信句，若有所悟，遂請于塾師以忠信命名，初未知吳氏之以忠信稱者，蓋已遠在千載上也。傳曰，忠信之人，可以學禮，曾子知忠恕之一貫，故先生字禮卿，又號恕庵，則其上進先哲而下遺胤嗣者，蓋可信也。

5 月 18 日　星期四

午十二時在都城飯店招待班禪行慰勞前方抗戰將士代表團。晚七時請章行嚴父子便飯，蔣雨岩等作陪。英、美艦集鼓浪嶼，不容許日本佔該島，日本行動向來是得寸進尺，他的慾望是無底止。日本國民性是怕硬欺軟，各國態度愈軟，日本態度愈硬，反之各國態度愈硬，日本態度愈軟。鼓浪嶼事件，各民主國家不能示弱，否則日本必將有事于上海。正書至此，聞英、法、美陸戰隊登陸，敵大部撤退，蓋自我抗戰以來，英、法、美對日態度之強硬，此為第一次，而英、法、美聯合對日行動亦為第一次。早能如此，敵人何至若是耳。

5 月 19 日　星期五

午後七時出席行政院談話會，並晚餐。據報孫院長哲生此次赴俄，頗有結果，借得美金一萬萬五千萬元，真是難得事件。同時敵人鄂北、桐柏山一帶遭我逆襲，損傷奇重，而英、美、法人又對敵佔鼓浪嶼取強硬態

度，蓋自抗日以來為最好之形勢。不過聞汪精衛已離河
內，經上海飛日本，殊為可慮，真是美中不足，奈何。

5月20日　星期六

上午七時偕曾小魯、孔慶宗赴永興場，擬在此處休
息兩日。鄉間風景宜人，身心均感適宜。

5月21日　星期日

上午偕國書、申叔遊山，午後偕叔仁、慶宗回重
慶。途中遇一□車受傷之禁煙委員會會計辜某，將他帶
至城內醫院診治，惟傷勢甚重。惟仁夫人心臟日弱，我
偶談如赴西藏須一年方能回來，他說恐等不及了。聞之
心痛，以你尚有好運安慰之。

5月22日　星期一

上午八時出席中央紀念週。居覺生兄病未愈，擬
借住新村五號，特準備房屋二間，本日伊男女公子先來
居住。

再補記五月三、四日重慶之慘炸

重慶三、四兩日，敵機投彈時間均不過三、五分
鐘，而房屋被焚數十間，人民死傷一萬以上，其破壞力
量之大，實足驚人。蓋重慶乃依山建屋，高低鱗比，故
著燒火彈，則由下而上，或由上而下，蔓延極速。同時
自來水管炸壞，水源缺乏，施救困難，此次所以被災區
域若是之廣，此為最要原因。再則重慶乃居于狹長形之
山巖之上，僅有通衢兩條，其他則窄巷崎嶇，艱于步

行，如兩端起火，則人無所避，故此次人民死傷之數，
又若是之多。就公家所掘出之屍體以言，已至四千具以
上，其他無法統計者尚不知凡幾。有一防空洞名安樂
洞，只一門可通，而門前有屋數椽，並貯有汽油。不幸
油燃屋焚，而躲在洞內之二、三百人，無一倖免，事後
以無法發掘，只得封其門而葬之焉。至于人民財產之損
失，更不勝計。暴敵所給予我民族之仇恨，誠百世不可
解矣，吾輩後死之人，尤宜益加振奮，嘗膽臥薪，以圖
報此奇仇。

5 月 23 日　星期二

上午八時出席市黨部黨務推進委員會，討論都是渝
市轟炸後之善後及黨務各問題。午後四時出席行政院會
議，決議設置懇務總局，直隸行政院等案。

5 月 24 日　星期三

上午與喜饒嘉錯格西談話，政府派伊赴青海各大寺
廟視察佛教，宣傳三民主義，並給旅費一萬元。余又與
喜饒談及余將入藏之經過情形，以及入藏應取之態度，
彼此所見相同。又聘喜饒為蒙藏委員會名譽顧問，彼此
談話有四小時之久，留午飯，喜十分滿意。午後與本會
趙副委員長談話，關於本人二、三年來對邊疆應付之適
當，及今後應當注意各事宜。鄂境我軍進展極神速，隨
縣、棗陽均先後收復，敵人自認犯鄂豫邊之失敗，且自
認該區地勢便于防守，日軍輸送軍需頗感困難云。我軍
得此奇勝，局勢更為穩固，其勝利之意義，遠在台兒莊

之上。蓋敵此次十萬官兵由唐河、新野潰退隨縣以東，計程數百華里，在該國維新史上，對外戰爭大潰退第一次之創舉。如此敵陣已亂，敵氣已衰，吾人應鼓起餘勇，必得最後之勝利也。

5月25日　星期四

午後三時半最高國防會議開會，余列席，決議內政部長何芸樵調軍委會撫卹委員會主任委員，特任周嵩岳（號惺甫）為內政部長。周現任雲南省政府委員，與龍主席關係密切，如此調整，更使雲南與中央進一步之團結，于抗戰前途更有利。又通過各院部會第二期戰時行政計畫實施方案。正開間，據報敵機廿四架已過宜昌西飛，隨于五時許散會，六時半敵機至渝市上空，投彈轟炸，損失待查。

5月26日　星期五

午後五時偕佶子進城購鞋，商店均未開市，故未購得。惟目睹被轟炸焚燒之街市房屋，極為廣闊。而殉難同胞在斷垣殘壁迄未挖出，不知凡幾，因天氣炎熱，已經腐化，臭味薰人。此種慘狀，真是歷史所未有，嗚呼哀哉。

5月27日　星期六

謝蘅牕兩次來訪，均未遇，本日特回訪。謝，甯波人，年六十四歲，上海標準式商人也。午後偕國書到南開，約馴叔、秀筠、繼雅一同回永興場。晚間與江養

正總務處長暢談本會內人事之調整，及將來對邊疆之
方針。

5 月 28 日　星期日

　　偕國書、馴叔、申叔、惟仁、繼雅遊山，午後未出
門。自德、義軍事攻守同盟後，現在英、法、俄繼之軍
事同盟，內容最重要者就是簽字，任何一方倘受侵略，
其他各簽字國即當自動加以援助。如此情形，歐州方面
成對峙狀態。

5 月 29 日　星期一

　　上午六時由永興場起程，送馴叔、秀筠、繼雅回
校。八時出席中央紀念週，馮煥章主席，並報告。午
十二時半約馮煥章、李任潮、趙友琴、張文白午飯，並
談及余籌備入藏之經過，賓主盡歡而散。

5 月 30 日　星期二

　　上午張任民兄來訪，伊新由五戰區前線來渝。據云
此次鄂北之戰異常激烈，對方死傷慘重，現襄河一帶戰
局堅固。午十二時約喜饒嘉錯格西、丁傑佛等午餐，喜
將赴青海，丁將赴峨嵋，並與彼等談及藏文譯法，及達
賴轉世一般習慣。午後四時出席行政院會議，本會提案
設立察哈爾蒙旗特派員，辦理抗戰期間一切工作，至戰
事告終即結束。

5月31日　星期三

上午到江北岸看蔣太太，他已遷至對岸新居，再至該處。

記日本論客室伏高信之論文

室伏高信在五月號的「日本評論」上發表一文，以燕齊戰事為喻，謂樂毅伐齊，連下七十餘城及用兵數年之後，最後敗于田單火牛陣。復一再引證日俄戰史，在戰勝虛名之下，國力已竭，故小村壽太郎寧被國民唾罵，而訂樸資茅斯條約。他引這兩段歷史都很警闢，而唯一主張，是努力結束事變。暴日論壇上這種慘呼，就是他業已不堪久戰，而將近崩潰說明。敵人既如此，我們應注意下列三事：

（1）嚴厲除奸，為整肅我們抗戰營壘；

（2）努力外交，現在外交大勢，完全于我們有利；

（3）加強軍事，敵國軍事，已到幾乎不能進攻階段。

6 月 1 日　星期四

午十二時招待張任民、雷渭南、張伯璇、劉為章等便飯。劉主管作戰事宜，據云軍事前途，大可樂觀。

6 月 2 日　星期五

余入藏問題，關係在通過印度及青海靈兒入藏，現在外交部正在與英政府交涉通過印度事，特請前護送班禪入藏專使趙守鈺（號友琴）親往青海，請馬主席早日將靈兒送至西藏。本日午後與趙晤談有三小時久，趙允即日起程前往。

6 月 3 日　星期六

偕偕子、小魯于上午八時赴永興場，午後訪趙副委員長。

6 月 4 日　星期日

午後回重慶。

6 月 5 日　星期一

上午八時至國府出席中央紀念週。據報五月間敵軍取攻勢，毫無進步，我軍頗有收獲。且敵人國際環境異常惡劣，對于加入德義同盟問題，國內意見紛紜，情形危急，大有發生政變可能。接見喜饒嘉錯格西、羅桑喜饒格西、丁傑佛等，喜饒將赴青海，羅桑將赴松潘廣法寺，丁傑等將赴城都，特來辭行，余分別與之談話。午十二時約吳國楨夫婦及高大經、黃季陸等便飯，李惟果

臨時參加，李家偉、周昆田作陪。吳前任漢口市長，現
任國防最高會議處長，高現任中國、歐亞兩航空公司營
業主任，黃任中央委員兼內政部次長，李惟果任軍委會
侍從室秘書，家偉亦中航公司任秘書。

6月6日　星期二

　　午後三時半新任內政部長周鍾岳先生醒甫來訪，他
擬月半接任，並談一般佛教問題。四時出席行政院會
議，決議鄂省府局部改組，張難先任民政廳長、時子周
教育廳。散會後，偕張交通部長公權散步，談及伊赴緬
甸、暹羅、安南等處考察情形，以各該地方辦事有條不
亂，尤感覺他本身交通部事權分散，無法負責。張雖銀
行出身，辦事小心謹慎，且有忍耐性，不可多得之人
才。七時出席行政院長及部會長官公宴，內政部新任周
部長、前任何部長、各部會次長、副委員長陪座。

6月7日　星期三

　　趙友琴將於明日赴成都，轉青海，催促達賴轉世之
靈兒入藏，余特于今晨至趙處送行。李芋龕（家偉）今
晨飛港，李係合肥同鄉文忠公之後，即前雲貴總督仲仙
之孫，芋龕曾隨余在貴州省府任秘書，並受縣政人員
訓練，現在中國航空公司任秘書，以李府後人而在國民
黨服務者，以芋龕為第一人也。芋龕文字有根底，且精
命理，尤為難得，此次因其父到港電促，不得不前往香
港一晤也。英國商人丁克勒六時晨在上海浦東方面與日
軍發生口角，身受重傷。經日方將丁送至醫院時，即發

現頭部受傷，想係槍柄擊傷所致，腹部及腰部中刀傷三處，施行手束結果，終因傷重于七日晨四時許去世。聞英國照例將向日提出嚴重抗議。

6月8日　星期四

　　午後三時半最高國防會議開會，余列席。據報汪精衛于五月卅一日由滬飛日，于本月二日抵東京，周佛海則于五月廿六日先行啟程。國防會議以汪違背國策，罔顧大義，又以海內外民眾同深憤慨，先後呈請通緝嚴懲者，不下千餘起之多。隨決議由國民政府下令通緝，依法懲辦。天津英租界情勢突緊，敵圖強索我愛國志士，竟向英方提最後通牒，謂英方若不于二日內將暗殺陳錫庚之嫌疑犯四人交出，則日本將實行採取必要步驟，封鎖英租界云。最近敵對英國不斷生事，不斷威脅，英人何以善其後乎。

6月9日　星期五

　　偕繼巍訪新內政部長周醒甫、次長張維翰（號蒓鷗）。午後六時半至七時半之間，敵機襲渝市，計廿七架，分三批侵入市區，被我擊落三架。查敵機此次襲渝，除炸若干房屋外，市民因早已疏散，死傷共僅九人云。

6月10日　星期六

　　何芸樵夫人病故九龍，今日在渝開弔。余于上午八時偕王亮疇前往致祭，並與王談余入藏對英外交問題。

王云余之入藏成分不多，因英外交無法辦理。

6月11日　星期日

午後偕張公權、張君勱兄弟及公權兒媳等遊老鷹岩，張岳軍別墅休息。與岳軍暢談現狀下一般政治，及余此次辦理入藏事宜，在外交上發各問題。

6月12日　星期一

敵機兩批各廿七架，共五十四架，於昨（十一）日下午七時許，分襲渝、蓉兩地。渝市方面，敵機于七時一刻侵入市空後，濫投炸彈數十枚後逸去。本會慈香閣辦公處後落一炸彈，房屋震壞，適新疆舊土爾扈特旗東部盟長敏珠策旺多濟夫婦住居該屋，幾受危險，余特于今晨親往慰問，以安其心。城都方面，十一日下午七時半，侵入蓉市上空，我神勇空軍，奮勇起飛，向敵機攻擊，擊落敵機三架，敵機盲目投彈及燒夷彈數十枚，市內著火，燃燒至午夜完全撲滅，損失、失傷當然慘重，城都大轟炸此為第一次。上午八時出席中央紀念週，據軍事當局報告，現在軍事各方面均有進步。敵人自開戰以來，死傷確有八十餘萬人。敵人確無向西進攻精神，現在企圖在肅清我失陷區游擊隊及正規軍，而後搾取我同胞財貨及鞏固偽組織，刻正第八次攻我晉南之中條山，戰事甚為激烈云。午十二時約新內政部長周醒甫、次長張維翰便餐，以張履和、羅佶子、曹纕蘅、張震中、王葆齋、周昆田等作陪。余任皖、黔兩省主席時，履和均隨同辦事，在皖任省城警備司令，在黔任安順行

政督察專員，現將任黔省綏靖公參謀長，人頗篤實。席
間並與醒甫談及暹羅最近企圖，聞暹人以暹羅二字是附
屬意，要想改為泰國，用大泰族主義號召，劃一新地
圖，將滇、黔、桂、川一部劃入泰族範圍。此事當然是
日本唆使，真堪注意，與雲南關係尤重，以雲南地位
言，國防最前線，抗日最後方云云。

6月13日　星期二

　　午後四時出席行政院會議，決議以張維翰任內政部
政務次長，及其例案數件。

偶記一則（治邊時間）

　　間嘗讀史，覺歷代開拓邊疆，均在開國以後百數十
年之間，漢之武帝，唐之太宗、高宗，明之成祖，清之
康熙、乾隆，均為明證。蓋開國之初，內政不遑，同時
國力未充，難勤遠略，必待至相當時期之後，內政既
已踏上軌道，而人力、財力亦已積漸養成，然後推而向
外，自可立見成功。我民國肇造，迄今始二十餘年，以
歷史眼光觀之，為時極短，內政之頭緒紛繁，財力、人
力亟待培養，與歷代開國之初，毫無二致，欲于此短期
之間，即在邊疆樹立如何成績，當屬困難。不過，現在
邊疆民族力量薄弱，不足為中央鉅患，而中央對邊疆又
五族一家，待遇平等，無侵略壓迫之野心。再則強鄰環
伺，企圖侵略邊疆，以進而謀我，故目前係重在團結邊
民，建設邊疆，期能融鑄國族，鞏固國防，此則與歷代
籌邊最大差別之點。但積極經營，必須有相當長久之時
間，俟財力、人力均以養成，則為千古定例也。

6月14日　星期三

英日關係極端惡化，天津敵軍司令部正式公告封鎖英租界，自前日起在津已無外交談判，津英僑憤慨，決心抗日。英駐日大使警告東京政府，就英國而言，目前局勢實為中日戰事開始以來，英國遭遇之最惡劣者，倘英國仍採過去一貫和軟態度，則後患將不堪設想矣。

6月15日　星期四

記余將入藏對英外交發生研究

關于入藏之動機，已有本年三月廿八日之記載，現在此案環境異常複雜，各方主張亦不一致，而目前關鍵及將來有無枝節，尤在對英外交。蓋英人覬覦西藏已有數十年之歷史，其對我力量西進，當然阻撓，班禪回藏之往事，可為殷鑑。故為免將來進退維谷計，必須俟外交方面商洽妥善，否則中道受阻，不能達到藏目的，則對藏前途殊不堪設想矣。現行政院又有主張由陸路入藏者，但不知陸路實際上及外交上之複雜，更較海道為甚。茲將關于外交問題上蔣總裁節略如下。

辦理達賴轉世及奉令入藏節略

一、蒙藏委員會原定辦法，不派大員入藏

達賴轉世事宜，奉令由忠信會同熱振呼圖克圖主持，其掣籤典禮屆時可由忠信指派代表參加，經行政院決議有案。查此項辦法既握對藏主權，又不與英國人磨擦，並經西藏表示接受。

二、改擬忠信親身入藏之經過

行政院孔院長逕電駐英郭大使泰祺，向英商洽假道

印度入藏，並諭忠信與藏方交涉。

三、英國態度

　　據郭大使復孔院長電稱，英外交部復稱可先由我方將入藏日期與藏方定妥後，再由藏方逕行通知印度政府洽辦，其意欲我承認西藏有外交自主權，我以主權所關不能接受。又最近郭大使復外交部電節稱，英方仍堅持由我直接通知西藏政府。

結論

　　關于入藏問題，必須與英交涉妥善，方能前往，如輕徇英方請求，既損主權，又開惡例。現已另文呈請行政院核示，以便遵辦云云。

　　經由海道入藏，既生問題，改由陸道，又有問題。惟大員入藏之議既已發動，如忽而中止，既損中央體面，復易召邊人輕視。在初，決定大員不入藏，及早送靈兒前往，經已通知藏方，後均未能踐言。現如大員再不去，則又第三次失信，殊非所宜。且恐藏中有其他變化，使新抬頭之親漢派失勢，亦未可知，究竟此後演變如何，惟有待諸天命。

6月16日　星期五

　　行政院政務處長蔣廷黻來函略謂英人請求，含有深意，絕非我方所能承認云云。此乃行政院對英態度正式之表示，故本日派周昆田、孔慶宗二人與蔣面商，結論如下三條：

1. 集中力量使青海靈兒早日入藏。
2. 設法由藏方自動通知英國，如能辦妥，則吳委員長

經印度入藏。

3. 如海道不可能，則改派人員由陸路入藏。

余以為中央主張太不定，忽而大員不入藏，忽而大員入藏，現因英國交涉小有波折，又想不入藏，真是以國事兒戲。

6月17日　星期六

午後三時半偕孔慶宗、金卓民到南開中學，接馴叔一同回永興場。馴已三星期之久未回家，惟仁見之非常歡喜。惟仁身體大不如前，皆因十年來撫養馴、申兩兒，煩神太過，往往通宵不眠，以致影響身體。今日為日軍封鎖天津英法租界之第四日，出入口日軍檢查仍嚴，英考慮對日報復措施。此案最後之變化，全視美國態度如何耳。

6月18日　星期日

午後六時送馴叔回校，余回渝。

記本會發表成吉思汗陵寢奉移經過

自抗戰發動以還，敵人摧殘文化，炸毀古蹟，分化團結，種種毒計，不遺餘力，尤以對于蒙古同胞更極盡離間威脅之能事。無如我蒙古同胞深明大義，團結奮鬥，如伊克昭盟盟長沙克多爾札布等，均跋跋遠道來渝，共襄國事，即其一例。敵計不售，乃圖盜取或炸毀成吉思汗陵寢。時沙盟長適在重慶，聞訊之餘，異常痛憤，當以兼任吉農，職司護陵，並與各蒙胞首領籌商之結果，決向中央呈請奉移靈寢，以策安全。中央以成吉

思汗為蒙古同胞偉大祖先，匪獨中國所推尊，抑亦世界所景仰，其孫元世祖兩度征倭，而倭至今猶深戰悚。

中央追維遺烈，極為軫念，遂循沙盟長之請，當派定沙盟長為起陵主祭官，傅作義、榮祥等七人為起陵致祭官，貢布札布與本會蒙事處楚明善、軍事委員會科長唐井然等三人為護送專員，前往辦理。

本月九日主祭官、致祭官及護送專員，及蒙旗王公、民眾，在伊金霍洛公祭成吉思汗及妃陵寢，並其御劍。十日起開始移靈，十五日抵達榆林，十六日繼續奉移南下，不日可至蘭州安陵，如必要時再移青海柴打木。一俟抗戰成功，仍當奉移回伊金霍洛，並將盛修伊金霍洛陵寢，俾崇瞻仰。此次移陵，經過非常複雜，關係亦非常重大，余主管此事，辦理十分慎重，今既平安奉移，余十分歡慰，尚企路中勿生問題，幸甚、幸甚。

6 月 19 日　星期一

上午八時至國府出席中央紀念週後，繼續舉行周內政部長鍾岳、次長張維翰、銓敘部長李培基宣誓就職典禮，禮節甚為隆重。本會所辦政治訓練班乃唯一儲備邊疆人才之機關，惟數年來辦理頗為腐敗，余為整理及免誤人家子弟起見，故將現任該所主任趙錫昌調本會參事，余自任該所主任，並委倪世雄為該所教導主任。

6 月 20 日　星期二

上午八時出席行政院會議，通過內政部常務次長黃季陸另有任用，遺缺雷殷繼任，雷係廣西現任民政廳

長。又決議實行公庫法，除新疆、雲南、青海、甯夏等
省暫予展緩施行外，其他概自本年十月一日起施行，各
省、縣、市庫，自廿九一月一日起施行。或有特殊情形
區域，得將困難情形呈明，酌予展緩。

記達賴轉世案（青海靈兒入藏有期）

青海省馬主席步芳電蔣委員長，達賴轉世靈兒定農
曆五月中旬由青海動身入藏，派馬師長元海為護送專
員，請求護送等用費十萬元，蔣委員長如數發給等情。
余隨面商行政院孔院長將此案作一段落之打算，擬：

（一）由本會先派高級職員取道西康，攜帶茶葉等禮
 品兼程入藏；

（二）余一俟對英交涉辦理妥善，即經印度入藏。

比經孔院長贊同，即約本會藏事處孔處長慶宗討
論，決定派慶宗先由西康入藏，期能早抵拉薩，作達賴
轉世舉行典禮時之必要之布署。蓋達賴轉世為西藏政教
之大典，亦或為調整中央與西藏關係之時機。既向英國
交涉，復通知西藏政府，則惟有貫澈主張，向前邁進，
以達到藏目的而後已。

6月21日　星期三

今日端午節，纕蘅約余及偌子、慶宗、小魯、昆
田、公陶（偌子弟）等午餐。昨年端午節在漢口，明年
又至何處，非吾人可預料也。

6月22日　星期四

上午曾養甫來訪，暢談政治、黨務及國際形勢，並

留午飯。粵東海面敵人昨在汕頭登陸，汕市在劇戰中，敵人此舉係在斷閩粵海上交通，一面威脅香港及其與非律賓之聯絡。

6 月 23 日　星期五

上午訪蔣雨岩兄。偌子將赴南溫泉，擔任蔣委員長侍從室人事處副主任，陳果夫任正主任。關于全國用人，均由此處經過，責任異常重大。前四川教育廳長楊廉，因在安徽教育廳任內貪汙不法，業經審訊終結，于昨日（廿二）午前五時執行槍決。此案經過已詳載本年二月廿八日日記，楊固屬貪財好色為其犯罪之因果，尤以得罪人過多，亦是致死之主要原因。

6 月 24 日　星期六

午後偕慶宗、國書回鄉間本會，隨至本會訓練班訓話，發表余兼任該訓練班主任（詳情已載本月十九日日記），並介紹新教導主任倪世雄與諸生見面，說明倪之家系及其出身與學力。余因事冗，不克常到辦公，即令倪教導主任代拆代行。諸生均感歡喜，余為人師，此為第一次。午後六時本會趙副委員長陪同綏境蒙政會副指導長官朱綏光（號蘭蓀，湖北人）來見，朱由蓉來渝，因新任斯職，特來接洽。朱與余本係熟人，人甚和平，以之處理蒙事，當可妥當。

6 月 25 日　星期日

上午至鄉間訪本會委員白雲梯，白在中央服務多

年，于抗戰期中熱誠擁護中央，在邊疆人中不可多得。
約養正、國書、小魯、魯書磋商本會人事問題，因伊等
彼此之間太客氣，往往誤事。午後回城過新橋，順看居
覺生病。

6月26日　星期一

上午八時出席中央紀念週。

莫斯科塔斯社公佈日本侵蒙真相

五月十一日起蒙偽邊境戰事不斷，日軍及偽滿軍死
亡在四百以上，而蒙古軍隊僅死四十人，傷七十人耳。
除雙方陸軍衝突外，雙方空軍亦發生大衝突。五月廿八
日，日本戰鬥機與轟炸機突然襲擊蒙古軍野戰飛機場，
蘇蒙飛機因出奇不意，起飛較遲，遂使敵機處于有利形
勢，蘇蒙空軍損失飛機九架（恐不止此數），日軍損失
三架。六月廿二日日滿飛機一百二十架作新進攻，蘇蒙
以飛機九十五架與之作戰，結果日滿機被擊落卅一架，
蘇蒙機被擊落十二架。六月廿四日，日滿空軍又來犯，
計來敵機六十架，蘇蒙空軍亦以六十架與之週旋，又擊
落日滿機廿五架云。

6月27日　星期二

上午八時出席行政院會議。午後訪軍委會辦公廳
賀主任，商敏珠策旺多濟發表蒙藏委員會委員事，因
有人反對發生阻障。又訪章行嚴兄。

6 月 28 日　星期三

訪朱蘭蓀，談增設綏蒙會副指導長官經費及其赴蒙旅費。朱在山西服務多年，久任閻百川參謀長，與百川關係甚深，副長官為百川推薦者。回看蕭仙閣君，蕭吉林人，在西北軍服務多年，此人毀譽各半，不過好亂說話是得罪人之一端也。

論負責任不畏欺

日昨與侪子先生閒談，余謂人應肯負責任，不畏人欺，然後始可成功事業。乃現今人士，當無地位時期，則百般鑽營，企得地位。及其得之，則遇事敷衍，不肯負責，且唯恐被欺，不敢有所作為，甚至以其地位欺壓他人。故余對曾文正晚年遇事退讓，每引為憾，而胡、左之敢作敢為，良足稱許。侪子先生因謂，吾湘人對曾、胡、左三公之處世，有曾文正使人不忍欺，胡文忠使人不能欺，左文襄使人不敢欺之評語，此數十字，刻畫出三公之各有千秋。蓋曾篤厚，得力在仁字，胡明察，得力智字，左英武，得力在勇字。彼三公一生事業，亦以此為分野。生在今日之人士，亦殊應以此三公之修養為模範，如能得其一端，亦足以立事功于不朽矣。

6 月 29 日　星期四

何芸樵由內政部調軍委會調撫卹委員會主任委員後，迄今未晤，為以昔日在行政院同事關係，特偕蔣雨岩兄于今晨拜訪。午十二時半約朱副指揮導長官蘭蓀午餐，並約軍法總監何雪竹、山西駐京辦事處長李子範

（鴻文）、綏遠駐京辦事處長王丹九、本會新發表之察
哈爾蒙旗特派員馬鶴天，及偌子、纕蘅、芷卿等作陪。
發表孔處長慶宗為余入藏先遣專員。

6月30日　星期五

巴文俊來談伊擬赴蒙古運用德王及偽軍，託余函軍
事當局予以此項任務，並旅雜費。巴現任監察院委員，
乃蒙古人中有知識者。

記處事貴立斷

論語「季文子三思而後行，孔子曰再思可矣。」蓋
處世事貴能當機立斷，而忌猶豫，即使猶豫，俾可考慮
計劃，以期適當。但亦必有一定之時間，過此則須有一
決定，萬不能漫無限制，拖沓不決，以致積月累年，結
果歸于失敗也。英傑與庸愚之所由分，即繫于此。

7月1日　星期六

昨晚與國書、昆田談，少年人要立志，以求上進。余將老矣，但對國事，仍積極向前邁進。葉元龍今晨來晤，伊云今日飛成都，擬辭重慶大學校長。余勸其勉力做去，即有人事困難，可設法調整。曾養甫午後來訪，伊云明日飛香港轉海道赴昆明，就滇緬鐵道督辦。他迭次聲明願隨余辦理邊疆事務，並表示推崇，其意誠可感激。

7月2日　星期日

孔處長今晨飛城都，轉康入藏。偌子今晨赴南溫泉，就蔣委員長侍從室第三處副主任，正主任陳果夫。該處管理人事，關係重大。午後接見皖教廳長方治，據云敵人在皖只佔少數縣城，人民仍照常耕種，本年年歲甚佳。

7月3日　星期一

文叔姪在城都光華讀書，已放暑暇，昨日來渝，現大學二年級已滿，暑假後入三年級上學期。余擬其大學畢業後，往日本入大學研究院，因伊前在日本法政大學，如不前往，則于所學日文、日語不免可惜。現在中日雖在戰爭，將來戰事結束，國交仍須恢復也。上午八時出席中央紀念週，繼開談話會。據軍事報告，敵人六月間係掃蕩魯南、晉南等處工作，不但未得目的，反而損失，我軍不但實力未損，陣地亦未搖動。據外外報告，歐州但澤形勢日益緊張，德對但澤市加緊軍事陰謀

活動，希特勒將定期親赴但澤。德擬不戰爭而迫使波蘭
讓步，故問題關鍵仍決于波蘭自身，波蘭若有所行動，
英、法必充分予以助力。又天津英租界日本封鎖之問題
仍是嚴重，現在英、日兩國準備在東京開會解決。這都
是表面，內容是施延時間，看國際間變化。蹤即開會，
雙方主張距離太遠，英主張作為地方事件，取締反日份
子，而日本則希望英國承認日本東亞新秩序，使用偽聯
合銀行紙幣，甚至將現存租界內四、五萬現銀移交日
本。此種希望，英國萬難接受。余自始至終認為英國現
正有事歐州，日本待機侵略英遠東利益，如美國在遠東
不表示維持英國，則英國之失敗不過時間問題耳。接見
敏珠策旺多濟，有人說他盟長是假的，亦未到過蘇俄，
他特來說明，並送各種證件與軍委會。

7月4日　星期二

　　上午八時出席行政院會議，通過以陳國樑繼任四川
建設廳長案，又決議肅清私存煙土辦法。午後接見中山
文化館民族研究組組長張君俊，湖南湘潭人，他所說中
國人種問題，多係書本空話，或以美國批評中國人種
為根據，不免錯誤，萬難採擇。晚七時半皖教廳長方治
（希孔）約在渝同鄉三十餘人晚餐，並報告皖軍事、教
育等情形，余因方遠道而來，特親往焉。

7月5日　星期三

　　日本發表公告，自本年一月蒙古軍迭次侵犯滿洲國
邊境，並獲有蘇聯軍隊之助，日本政府不得不有舉動。

至五月杪為止，蒙蘇飛機被擊落共有六十架之多，迄至七月一日，日軍又出以防禦性質總攻，俾將蒙、蘇軍之犯界者予以擊退云云。如此荒謬宣傳，蘇俄當難坐視，是必有以報復，則邊界之衝突，非一時可能平定也。

7月6日　星期四

敵機三十餘架分四批，于昨夜一時許襲本市。以時值深夜，復遭我高射砲隊之射擊，敵機乃漫無標的，投下爆炸彈及燒夷彈多枚後，仍向原處逸去。市內有數處起火，至三時半始解除緊報。午十二時纕蘅在唐宅為梁寒操餞行，余與許公武等作陪。梁本立法院秘書長，現兼任桂林行營政治部主任，日內起程前往。梁頭腦清楚，為孫哲生幹部之一。

7月7日　星期五

自從民國廿六年七月初七日蘆溝橋事變以來，我全國抗戰到今天足足有兩年。今晨八時在國民政府舉行兩週年紀念，蔣委員長主席開會，何軍政部長報告兩年來作戰經過，又以敵我比較，決定最後勝利必屬于我。昨夜十二時敵機分批襲渝市，投彈後逸去，三時解除緊報。余仍借用鹽務署防空室，惟在室內坐三小時之久，頗覺疲勞。午後偕文叔回永興場鄉會。

7月8日　星期六

得青海馬主席卅電開「靈兒入藏護送費十萬元已收到，此間對護送一切事宜業已擺當就緒，定七月東日啟

程入藏，知注併聞。」等因，余聞之十分歡慰。余自始
至終取溫和態度，總使馬主席對本會意見勿生誤會，今
得此結果，對中央、對青海、對西藏均覺圓滿。如此達
賴轉世一案至此告一良好段落，余之入藏當更較有希望
也。午後約養正、叔仁談余將入藏，關于本會一切人事
問題須加以調整，並望養正負責辦理。

7月9日　星期日

昨夜申叔牙痛，通宵未眠，惟仁更為幸苦。馴叔本
日放暑暇回家，下學期將升初中二年級。午後回城，本
日係北伐誓師十三週年紀念日，中央與國府特于上午八
時聯合舉行紀念會，十時蔣總裁舉行茶會，余因下鄉未
及參加，各地均熱烈慶祝。

7月10日　星期一

上午八時出席中央紀念週。蒙邊日滿軍與蘇蒙軍，
將繼續延長與擴大戰事，異常激烈。蘇軍集中三師，日
軍亦集中同等兵力，諾蒙坎砲火連天。雙方爭奪某山
頭，該地在哈爾哈河附近，距海拉爾西南約一百六十英
里。聞日人此次襲擊蘇蒙軍，係在偵察戰鬥之能力。曹
纕蘅、吳遵明介紹張愛松（號鶴軒）來見，張係大學畢
業，現任第一戰區副司令長官孫連仲駐渝辦事處長。
張精明強幹，與孫同事多年，關係甚深。孫于台兒莊
之役、鄂北之役建立奇功，于抗日戰爭中不可多得之
人才。

7月11日　星期二

上午八時八時出席行政院會議，決議派川康黔三省當局組織肅清煙土督辦公署案。緣該三省為煙土之出產地，如果能該三省澈底肅清，則全國方有禁絕之希望。

7月12日　星期三

敵自八次攻中條山失敗後，現改變方針，有五師兵力分五路犯太行山南部之長治、晉城（古上黨地方）。我針對敵計劃分別予以追擊，此戰于北戰場關係甚大。

7月13日　星期四

接見安徽新財政廳長楊孝先，伊請問做事方法，余答以遇事實實在在，不要生事。余入藏事，關于青海靈兒既已啟程入藏，而西藏又迭次表示歡迎，現在唯一問題就是經過印度對英之交涉，我外交部不肯負責，蒙藏會又無法推行。如此夜長夢多，真正不成事體。此時非行政院長拿辦法，不克解決此問題，特于今午訪行院魏秘長、蔣政務處長詳細討論。結果，決由行政院令外交部向英國交涉予通過印度之保護，一面令本會極積籌備云云。誠能如此，則通過印度當無困難發生。

7月14日　星期五

上午陳果夫來訪，他談中央政治學校附設之蒙藏學校將改為邊政學校，並與談及一切邊疆問題。余告以吾人對邊疆教育應使漢人邊化，邊人漢化。本會所辦政治訓練班要注重政治，中央政治學校附設之邊疆學校要

注重技術，雙管齊下，結果必良，陳深以為然。又與陳
談個人出處及今後之志願，並說以本人能力自覺尚未能
為國家最大努力，亦未能為蔣先生最大幫忙，如入藏回
來，當極積對邊疆效力。午後接見門軍長柄岳，伊新
由五原來渝。據云綏西防務穩固，敵人勢力薄弱，不易
西侵。

7月15日　星期六

回看門軍長柄岳。敵人近日猛攻晉東南，戰事甚
為激烈，其企圖是佔領上黨各高地，施行肅清我軍工
作，以得到鞏固正太、平漢、道清、同蒲四鐵道安全之
目的。

7月16日　星期日

前安徽財政廳長張乃器來訪，談他在皖辦事經過，
言及黨部與教廳長方治與他磨擦，他要呈請中央當局激
底查辦。余勸他在財廳職務並未失敗，至于閒是閒非可
以不管。張是人民戰線重要份子，於民廿六年六君子下
獄之一也，此人係苦讀出身，銀行專家，有相當學力，
如使用得法，亦一有為之才也。英日談判意見歧異，英
決堅持既定立場，每日快報之評論，日本如欲冒險，英
當摧毀其經濟制度。英海軍大將克伊斯演說，日本不敢
與英作戰。英議員多人在下院熱烈主張，英應貸巨款援
華，認此為維持英國利益之要圖。英國果能持堅強態
度，日本決不敢有所非法舉動，否則英國在遠東之失
敗，指顧間耳。

7 月 17 日　星期一

上午八時出席中央紀念週，蔣總裁主席，吳稚輝先生報告。吳大罵汪精衛，說他是不祥之物，並歷舉其不祥之事實。已呈報行政院余入藏日期，擬本年九月初離渝，經過滇、港，備辦禮品，十一月經過印度入藏。一俟批准，即通知西藏政府，一面向各方接洽經費事宜，然後再將此行任務、組織、經費正式呈報中央。本擬約外交部簡任秘書段觀海同行入藏，他今晨來談，外部認為入藏係內政問題，如外部高級職同往，恐起英人懷疑。

7 月 18 日　星期二

上午八時出席行政院會議，決議發動全國知識份子辦理民教，及戰區各省政府設置行署通則案。又決議本會蒙籍委員吳鶴齡、李鳳山甘心投逆，免去本職，遺缺以敏珠策旺多濟、羅桑堅贊繼任案。敏新疆蒙古人，羅後藏人。晉東南血戰方酣，敵陷長治，我軍奮勇克襄垣。英日談判在東京繼續舉行，雙方態度顯然歧異。英首相在下院宣稱決不違九國公約，敵加強反英，已將北甯、津浦等路英籍職員完全撤職。

7 月 19 日　星期三

回看章乃器，暢談中國政治、經濟約一小時之久。十時接見四川松潘大寨直轄卅一寨大土官曲登堡等。此等土官向在地方安分工作謀生，因受近數月來邊人到中央之影響，亦想到中央謁見當局。而四川省政府不以

為然，省黨部電中央黨部代該土官說話，中央隨允該土
官等來渝，如此處置，將何以對四川省政府。余主管邊
疆，該土官既已到渝，只有照例接見與招待。同時陪同
來見中國邊事協進會常務理事陳蔭章、李海瀾，陳係皖
人，李川人，陳、李等均擬邊疆有所活動者。本會疏散
女職員馮雲仙所辦中國戰區兒童邊疆宣傳團代表三兒童
來見，該兒童等身體康健，說話清楚，精神活潑，實在
可愛。因無物可贈該兒童，惟仁特每給洋五元。

7月20日　星期四

　　本會總務處長江養正昨日忽表示辭職，此人甚端
正，不過多疑膽小，是其大毛病。余因將入藏，特授權
管理該處，他因不敢負責，故積極求去。余于昨晚今晨
連去兩函如下：

養正兄鑒：

　　目前環境，十分困難，兄如消極，于公于私，非常
未妥。務希勉為其難，是為至幸。兄重義氣，幫助朋
友，即在此時。

　　　　　　　　　　　　　　忠信手啟　七、十九午後

　　我們乃以道義感情相結合，在年齡我痴長，在本黨
我先進，在職務我是長官，以此種種關係，兄均應聽我
說話。無論去留如何，均須顧及道義感情。即有問題，
儘可商量，非關係泛泛不能隨便說話可比。如遽而離
開，彼此做人均有未妥。當此環境，而我又將入藏之
際，且兄之地位非常重要，此時言去，令人有拆台之

感。有始有終，望兄勿消極為幸，此致
養正兄

忠信手啟　廿八、七、廿晨

昨晚派昆田、叔仁代為挽留，伊去志甚堅。今晨回鄉會，余再派昆田、叔仁下鄉，持余上面親筆函切實挽留。我心已盡，余所以如此者，因係朋友感情，否則長官與屬下關係，決不採此方式也。據昆田、叔仁回稱，他可打銷辭意。二科吳科長辭職，擬照准。至遺缺擬以分發本會高考及格之金紹先繼任，俟徵求同意後即發表。

7 月 21 日　星期五

偌子午後由南溫泉來渝，出席明晨軍委會侍從室各處正、副主任會報，偌子即下榻五號。晚七時出席行政院談話會，並晚餐。據孔院長報告，英國借款三百萬鎊，已簽字。又云路透社消息，行政院有改組以宋子文任財政部長之謠，此事當然不確。現在法幣大跌，三百元值香港票一百元，每一英鎊須法幣六十元，因此物價飛漲，政府正設法補救。

7 月 22 日　星期六

陳果夫清晨來，約偌子出席侍從室會報。余與果夫大談養身之道，他說現年四十有八，已與肺病奮鬥二十九年矣。

7月23日　星期日

本日與佶子暢論儒、佛、道三家學說，余自以為對三家之結晶之中庸、金剛經、道德經有相當之心得，並明白三書精神所在理由。佶子深表贊同。

7月24日　星期一

佶子上午七時回南溫泉。余八時出席中央紀念週，蔣總裁主席，並報告軍事、外交、財政。據云軍事極鞏固，不日當有好的消息。外交方面，英日正在東京談判，將來變化不論如何，我們均有辦法。財政方面，法幣雖跌，亦無多大影響。江處長養正仍上書辭職，余于午十二時卅分親往鄉會伊住處當面慰留，伊為余感情所動，打消辭意，余隨在呈文上批勉為其難，毋庸辭職。本擬回城，因有空襲，即宿鄉會。

7月25日　星期二

襄叔昨夜江津回永興場，已在國立第九中學師範部畢業，如機會許可，擬令其再入專科學校。清晨六時偕倪劍飛進城，倪係進城辦理訓練班招生事宜。八時出席行政院會議。據孔院長兼財政部長報告，法幣大跌，外匯停止，並云前由英國借款一千萬鎊，本擬定維持十八個月之外匯，不料三個月期間，受中外銀行以及敵偽銀行之套匯，至千萬英鎊化為烏有云。軍政部何部繼云，現在軍事形勢甚好，就是外交、財政之失敗，而經濟亦無辦法，為何千萬鎊三月化為烏有，應追問負責者云。余以為何可代表軍人，如此表示，前途誠可憂慮。同時

交通部張公權云，目前財政倘不積極設法，則三個月後更為危險，張係銀行專家，看法較為清楚。我們抗戰二年餘，外交運用太死，財政辦法太亂，故有今日之結果。以日前政情，或影響行政院之改組，亦有可能。

7 月 26 日　星期三

接見同鄉盛士恆、唐光霽、冷雋。盛現任軍政部部附，新由黔東來渝，唐亦是部附，將赴前方考查軍隊，冷係安徽省黨部委員，報告安徽黨務、政治、軍事甚為詳細，惟很多不滿之詞。又劉石菴、朱仲翔先後來談。接見晉察冀邊區行政委員會副主任委員兼民政處長胡仁奎（號梅亭）、委員兼教育處長劉奠基（號定菴），該區接近五台山，報告喇嘛情形非常詳細，主張勾通蒙古應以喇嘛為引線，所見極為適當。

英日東京會議成立如下之協議

英國政府完全承認正在大規模戰爭狀態下之中國之實際局勢，此種局勢存在之時，英國知悉在華日軍為保障其自身之安全，與維持其侵佔區內公安之目的計，應有特殊之要求。同時知悉凡有阻止日軍，或有利于日軍敵人之行為與因素，日軍均不得不予制止或消滅之。凡有防害日軍達到上述目的之行動，英政府均無意加以贊助。英國將趁此時機，對在華之英當局及英僑說明此點，令其勿採取此項行動與措置，以證實英國在此方面所取之政策云。

我政府發表聲明，對于英國政府在此次東京會議所採取之態度，不能不引為失望。而英首相張伯倫仍稱不

變更對華政策，不免欺人太甚耳，又致九國公約與國聯
迭次決議援助中國之諾言于何地乎。

我們要始終相信，自助者人必助之，無論人家對我
如何，以及環境惡劣如何，要以自力支撐奮鬥到底為為
最高原則。有友邦來援助，當然感謝，否則亦不必大驚
小怪。因國際間只有一時利害，而無信義之可言，今
日之利害相同則為友，明日之利害相反則為敵，吾人要
認清國際利害形勢，不可一誤再誤。德國報紙對英日協
定認謂係英國之恥辱，英下院議員加拉查批評張伯倫可
恥，英援華運動會謂英應在物質上助我抗戰，方不致成
侵略國同謀犯。

7 月 27 日　星期四

上午八時偕纕薇回看銓敘部長李培基，因下鄉未
遇。並訪許公武，談及西藏歡迎余入藏，為從來所未
有，此行必有結果，而班禪靈柩回藏，亦可趁此解決。
余入藏日期已奉政府核准，九月由渝起身，十一月間經
過印度入藏。昨日特致函蔣總裁，請示定時間，以便趨
謁面談。並將此次赴藏任務及組織經費各事，以及對藏
政策之檢討，具詳擬上行政院呈文中，附鈔底稿，並請
蔣總裁核閱。

7 月 28 日　星期五

偕子由南溫泉回渝，擬明日出席軍委會侍從室會
報。冷禦秋、林虎午後來訪，留晚飯。林係老桂軍宿
將，素有善戰名。晚七時出席行政院談話會，據財政當

局報告，此次法幣下跌，外匯暫停，皆因財部不能統制銀行之所致。現在對內應以各種物產充實銀行基金，使人民安心，對外請求英、美幫忙，使法幣穩定。

記美國廢止美日商約

美國政府業于昨日（廿六）晚間，特將一九一一年美日兩國商務通航條約宣告廢止，該約將于一九四〇年一月廿六日失效。按美國為日本軍用品原料供給最主要國家，其最重要者為棉花、生鐵、鋼及汽油等等。美國人士贊成禁止對日出口者，認為美日條之取消將對日本發生重大影響，日本在中國之行動，將大受限制。日本貿易以美洲為最大主顧，幾佔全出口額百分之七十，若美日兩國變成無條約狀態，影響日本出口誠非數字所可計算。此種消息傳到東京，各方均深感恐慌，東京、大阪證券市場已發生暴跌風潮，可見其人心之搖動。日本報紙均以顯著之地位刊載，認為美國廢約目的，一為保護美國在華利益，一為遏止日本在遠東之行動。而金融界與實業人士認此將為美國採取猛烈行動之啟端，為彼等所最關切者，其全國震驚情形，可想而知矣。

我政府當局及人民咸認為此乃美國表示極端關心遠東局勢之初步，對于羅斯福總統採取此種斷然措置，莫不欽佩其認識與果敢之決心。日本在過去兩年間，所受之打擊，以此次為最重大。

更可證明歷來日人根據美國忍耐政策之誤解，尤其是分化英、美之失敗。今後英日東京談判，英國態度或轉趨強硬，而同時英、法、蘇三國協商，亦有進展。三國參謀部將舉行談話，就一般國際形勢觀之，確于我國

有利，于日本不利，吾人應好自為之。

7月29日　星期六

清晨偕佶子訪陳果夫，談及入藏之經過，及需要大宗之經費，彼深表同情。午後江處長由鄉會來見，雖打消辭意，但對于會內人事調整，仍無具體辦法，仍主張留魯書任總二科長，並由魯書保三科科長。余毫無成見，惟希望從速調整，擬明日囑昆田下鄉與彼等切實磋商。會內事務真是困難，余每以此事頭痛，此皆余之幹部人員太老實之故也。晚八時半接見西藏三代表。

7月30日　星期日

午十二時纕蘅約冷禦秋午飯，余與佶子、石菴等作陪。現在急待會內人事之調整，俾好專心籌備入藏事宜。但養正雖可打消辭意，口頭上、心理上仍想離開。人事之難，于斯可見。

7月31日　星期一

佶子上午七時回南溫泉。余八時出席中央紀念週。昆田由鄉來城云魯書由于精神、身體、環境均不能再任科長，聲淚俱下，萬不能再勉強，只好准他辭職。所遺科長擬在金紹先、鄭子獻二人擇一任二科科長，當派昆田下鄉與養正面商。

8月1日　星期二

　　昨夜敵機十八架襲渝市。上午八時出席行政院會議，決議貴州財政廳長王徵瑩另有任用，免去本兼各職。查王任財廳長係余在貴州主席任所保舉者，其人甚篤實，余對印象頗佳。上午十一時謁見蔣總裁，其談話大要如下（詳情另記）：

（甲）西藏達賴轉世及余入藏之經過。

（乙）入藏之意義：

　　　　（一）關于政治；

　　　　（二）國防；

　　　　（三）宗教。

（丙）入藏之任務：

　　　　（一）樹立信用；

　　　　（二）收拾人心；

　　　　（三）相機解決其他問題。

（丁）行轅之組職：

　　　　（一）力求簡單；

　　　　（二）避免複雜。

（戊）入藏經費：

　　　　（一）要求保持中央體面；

　　　　（二）事後本人不致受累；

　　　　（三）經費務須寬籌。

（己）管理蒙藏三年來之會務：

　　　　（一）人事複雜；

　　　　（二）過去消極原因；

　　　　（三）將來積極。

（庚）個人今後之出處：

　　（一）民十五冬南昌之談話（已詳載本年元旦
　　　　　日記）；

　　（二）相處三階段（已詳載本年元旦日記）；

　　（三）今後之抱負。

　　接談約四十分鐘之久，結果十分圓滿。昆田由鄉會來城，據云決定金紹先任總二科，鄭子獻總三科，余深為滿意。查總二科管理庶務，最難辦理，最易受人指責，今以金任之，表示大公無私，一切公開。金係武大畢業高考及格，少年有為。但據昆田云，養正仍有辭職意，果爾，余心力盡矣，無話可說矣，只有聽天耳。

8月2日　星期三

　　清晨接見故人龔石雲之子體仁，他今年已卅七歲，黃浦第三期畢業。又接見故人子徐傳經，他本在重慶大學水利系任教授，託余向葉校長說話，下學期仍想繼續。葉元龍兄來訪，談數小時，並留午飯。他語氣中對纕蘅甚為了解，余非常歡喜。余告每一個人有一個人出身、環境、習慣、技能，應當用其所長，補其所短，葉甚了解。因元龍、纕蘅均隨余辦事，余最希望他們合作。午後接見參政員奚東曙，安徽太平人，段老先生女婿，留學美國，係陳光甫兄朋友，向在中國旅行社服務。此次奚新由西康視察歸來，據云行路困難，又以經費太少，對于土人、喇嘛未能布施，彼等大行失望。余約奚同赴西藏，辦理入藏交通交際，當承接受，余甚感焉。英首相張伯倫嚴正聲明，英遠東政策不變更。前英

外相演講，日本征服中國之計劃，已告失敗，中日戰事何日可以結束，此際殊難逆睹，益視兩年前，更覺遙遙無期也。自去秋以還，中國士氣、民氣以及組織能力均已重復振作，在未倫區域，匪特軍隊改編完成，且正在重建工業，吾人欽佩之餘，自當熱手予以稱道。英政府已訓令英大使卡爾，向我國說明英國政策。英國以上之表示完全受美國廢棄美日商約之影響，英國國力未足，領土太廣，國際間已立于被動地位。

8 月 3 日　　星期四

上午偕國書、昆田照像，以備經過印度入藏請護照之用。接見中央黨部調查統計局副局長徐恩曾君，暢談蒙藏情形。他對于邊疆調查，要求與本會合作。第五戰區高級參謀溫翹生由前線來渝，特來訪，並帶李司令長官函件，溫談前方軍事情形甚佳。午七時半財部次長徐可亭來談關于余入藏經費問題，詢確數。余深知抗戰期間國家財政困難，不忍對政府有要求，但此乃西藏人心之所繫，及中央德義之所關，亦不得不勉力從事。只得以班禪回藏用費（約二百萬）及黃前專使入藏之用費（四十萬元，折合當時匯價約四萬餘鎊）為比例，請求酌予發給，總以不失國家體面為原則也。再查國民政府自成以來，國庫支出對藏用款將及千萬，真正用在藏政府及地方者不過十之一、二耳，現在真正調整西藏之機會，豈能不相當用款乎。過去用款之失，當及政治運用之失敗，使藏政府與中央遠離，誰生厲階，能無惋慨，而今之計，只有施之以恩，示之以信之一法耳。

8月4日　星期五

前昨兩夜敵機襲渝市，不克就寢，甚辛苦。麗安來函云外匯暴縮，香港物價飛漲，單以雞蛋言，每港元只得念枚，折合法幣每元僅五、六枚而已，洵是長安居大不易。又云沈兆麟弟，輟讀可惜，希望麟弟即回北平燕京大學結束最後一年學業。余甚表同情，只要平安，即可前往，當以此意復之。行政院魏秘書長來訪，談余入藏經費問題，余將此次入藏任務、組織、經費及對藏政策之檢討，上行政院正式摺呈，親交魏氏轉交。關于經費，余尚未能表示數目，僅得以過去政府對藏迭次用款作一比例，請政府核發總數，其大要如下：

一、此次任務重大，且以主管長官親身入藏，為歷史之創舉。非廣予布施，不足以慰西藏僧俗人等之望。

二、過去中央與西藏間之感情，既已大傷，現在惟有用其習慣，施以恩惠，以資挽回。

三、國府成立後，對藏用款幾及千萬，而用之于西藏政府及地方者，不過十之一二。此次入藏係真正對藏政府及人民用款，當須略示寬厚。

四、班禪回藏及護送旅費用去兩百萬元，黃前專使慕松入藏用四十萬元，西藏方面猶以黃用錢過少。

五、此次入藏究應須款若干，擬請比照過去用款及此次大員之地位與任務發給。

8月5日　星期六

昨夜敵機乘皓月又分批襲重慶，我空軍迎擊，敵受創傷，英、德、法領館亦遭轟炸。英上院各議員均堅主

援華制倭，必要時英政府應與倭斷絕經濟關係，與美採取共同行動。偌子今日來渝，出席侍從室會報。接見藏人康郎珠，康係十三輩達賴侍從，年少精明。午後接見高長柱，談邊事。

8月6日　星期日

鄂北混戰，敵受重創，預南奏捷，軍心大振，晉東南太行山敵再擊潰，以現狀觀之，軍事甚有進步。德、波間情勢愈緊，德軍事設備已漸達最高峰，機械化部隊將舉行大演習，波亦陸續調動軍隊。現正積極籌備入藏，急待解決者，經費及過印度之護照二事。惟藏人重儀節，對于中央入藏人員服裝與禮品，尤為藏人所重視。午後特選擇禮服材料，此間所存尚可敷用，並可購辦禮品之一部，此真幸事。否則用外匯在海外辦理，真不易也。

8月7日　星期一

上午八時出席中央擴大紀念週，蔣總裁主席，並演講，均係勉勵黨、政、軍努力服務。暹羅因受敵愚弄，突然排華，逮捕我在暹救國份子，並搜查銀行，封閉學校，形勢較為嚴重。

8月8日　星期二

上午七時半訪行政院副院長張岳軍，關于入藏經費事有所商談，彼甚以余之意見為然。上午八時出席行政院會議，決議西北聯合大學改為西北大學，閩省府局部

改組，以嚴家淦為財政廳長，包可永為建設廳長，又通過以曹纕蘅兄為禁煙委員會委員。余對曹任委員非常滿意，蓋曹自貴州民廳長交卸後，各方對其多不公平議論，余亦無法代其辯護，而兩年來為其謀出路，均不得要領。纕蘅為人極週到，為何人家不諒解，或是週到太過耳。

8月9日　星期三

午十一時至重慶大學，元龍校長約余在該校電機系主任教授馮簡家便飯。馮君電機專家，海內有名人物，擬擴充重大電機機械試驗室，須英金二萬鎊，擬具辦法託余代呈蔣委員長予以幫助。午後三時由重大（沙坪壩）回永興場鄉會，路中遇大雨。

8月10日　星期四

江處長今日回會照常工作，余甚歡慰。自七七事變以來，本會職員已三年未考績，惟現在物價飛漲，低級職員生活尤為困難，故擬將各該低級職酌予加薪，同時將會內人事加以調整，以便余入藏無後顧之慮。

8月11日　星期五

午後偕小魯、襄叔、申叔進城，襄係陪申來城醫牙。出席晚八時葉楚傖、潘公展、董顯光茶會，討論認購總理遺教及總裁言論集。當場有認購數千份乃至二、三萬份，余認五百份，每份一元五角。嗣又看抗戰電影，至夜十二時散會。

8 月 12 日　星期六

經濟部長翁文灝（詠霓）今日五十大慶，院長孔庸之先生午十二時在行政院設席為翁慶祝，余及各部會長官作陪。

8 月 13 日　星期日

上午八時偕佶子訪白健生，暢論邊事。據云伊將來辦理回疆，囑余辦理蒙藏，並云他向來對邊疆志願。余又追述民十七年彼此在北平時，主張邊事計劃，未能實行，深為遺憾，戰後國家出路在邊疆，當繼民十七之計劃而行之。余又告達賴轉世之經過，他認為余入藏之重要，極有義意。又約秘電本，以備入藏之用。暢談一小時之久，盡歡而散。午後李司令長官德鄰夫人郭德潔女士偕方叔平兄來訪，李現辦慈善事業，託余向當局說項接濟經費。代理江蘇主席韓德勤兄派代表來見，報告該省府內人事複雜。

8 月 14 日　星期一

上午八時出席中央紀念週，馮煥章主席並報告，題為「我困難，敵人比我更困難」，約一小時之久，詞句非常切要。午後回看郭德潔女士及方叔平兄，並託郭向德鄰轉達余意。擬推薦天植姪為安徽省府委員，余因在皖人之地位，及與桂省歷史關係，及為安徽地之著想，均有推薦天植之必要也。襄叔偕俞小姐今晨赴南溫泉，考中央政治學校會計專修科。

8月15日　星期二

上午八時出席行政院會議，通過中蘇通商條約。張岳軍女公子今日在美國舉行接婚禮，本日午後五時岳軍特舉行茶會，余親往慶祝。天植今日來重慶，暑期後仍任江津國立第九中學初中分校，學生約八百人，均係安徽青年。

8月16日　星期三

張公權約李石曾午餐，余作陪，李新由歐州來渝。晚七時應內政部長周醒甫先生晚餐，有何敘甫等在坐。何卅年前與余在第九鎮同事。

8月17日　星期四

英、法、蘇三國在莫斯科談判，蘇方提出遠東問題，聞已交英、法之軍政當局考慮。蘇政府鑒于蒙、滿交界處近頃之局勢，業已調大批軍隊前往西北利亞，中亞細亞等線空運停航。就余推測，蘇俄有西德、東日兩大強敵，終久為患，當以中日戰爭期間先行擊破日本，然後專心對德，此為理之當然也。倭對東京英日談判停頓圖作報復，竟佔粵港交界之深圳，與英軍對持，企圖封鎖香港。又將對滬租界採取新步驟，不知英人又將何以屈膝耳。與奚東曙研究經印度入藏之交通。午後接見邊疆學校主任程其保君（號稚秋），南昌人，該校附屬中央政治學校。故友許應平世兄傳經，留學美國，專習水利，日前介紹與經濟部翁部長，予以工作。頃據傳經來云已與翁見面，翁表示甚好，可以派事。

8 月 18 日　星期五

本午十二時卅分至孔公館出席行政院談話會，並午餐。談及余入藏經費問題，孔院長云，沒有外匯，可帶法幣入藏使用，又以入藏人員應少，俾損費用。余告以中央在藏無銀行，匯款項赴西藏，須經過印度英、印銀行之手，且西藏交通、經濟均在英人手中，故入藏用款非外匯不可也。至隨從人員，本已很少，不能再減。彼此談話大為不歡，孔人尚忠厚，不過太不懂政治耳。

記擬邊政計劃草案（為余任蒙藏委員會三年期滿之紀念）

余任蒙藏委員會至本日（八月十八日）已屆三年，以經驗之所得，並博綜成案，旁徵事實，草擬邊政計劃一冊，其中有涉及外交國防處，擬送請蔣總裁核正。又此草案計分六章：

（1）總論；

（2）邊疆概況；

（3）邊疆政策與邊政機關；

（4）改革邊政之參考資料；

（5）調整邊政機構之計劃；

（6）結論。

其初稿約十七萬字，後刪成約七萬字，由余決定計劃原則，交由蒙藏會各處室分編，周昆田總編。費時一年之久，材料豐富，計劃具體，為從來談邊政者所未有，尤以一、三、五等章更有精采。余管理邊政三年，于積極方面，只辦理成吉斯汗移靈、達賴轉世及其他有關政治事宜，成績雖不敢言，而于消極方面，在抗戰期中，以不生事、可了事為原則，達到安定邊疆之目

的，已非容易。茲草擬邊政計劃，使將來治邊者有所
標準，在責任上亦可略予交代，更可作為余三年任滿之
紀念也。

8月19日　星期六

　　現在入藏問題，外交部堅持西藏通知印度後，始可
向英大使館請領護照。該部始則反對西藏通知印度，恐
開惡例，現在又要必須通知，何前後矛盾若是乎。午後
六時張文白兄來訪，特將邊政計劃草案，及余親筆函託
代陳蔣總裁。

8月20日　星期日

　　敵機昨午擾川，計卅六架，沿江西飛，在嘉定投
彈。聞損失甚巨，詳情待查。關于英日東京談判，英國
拒談經濟問題，暴日進而威脅香港，突要求英國借用林
馬坑軍路，限六小時內答復。自敵軍侵佔港粵交界深
圳、南頭、沙頭角等處，粵港交通完全斷絕，敵軍並在
該地禁止糧食、蔬菜運入英界。可見敵軍此次行動，其
目的在加緊封鎖香港。

8月21日　星期一

　　上午八時出席中央紀念週，繼開談話會。據外交軍
事當局報告歐州局勢極度緊張，德積極準備，已集大軍
于斯洛伐克，傳即將開始行動。英、法決心抗禦暴力，
不為恫嚇所屈，果英、法有此決心，德國或不致發動
也。美人主張援助英、法，佔全數百分之七十五，其中

主張派遣軍隊參戰者佔百分之廿五，主張以軍火接濟者
佔百之四十。各界人士對歐局最近發展情形，焦慮益
甚。又據報敵俟秋汛時期，將溯江西上進犯宜昌、長沙
之企圖。李家偉本日由港飛抵重慶，下榻五號。李不聽
家人勸告，拒絕返滬，重來吃苦，余甚佩慰。接見西甯
調查組長陳尊泉，陳受西甯當局之侮辱，特調回會者。

8 月 22 日　星期二

上午八時出席行政院會議，決議廣西大學改為國
立，並以馬君武為校長。據軍事報告，我軍于二十日完
全收復晉城。按晉城（澤州府）為晉南重要據點，向山
背河，控制豫、冀，敵人圖擾晉東，晉城尤為惟一屏
障，而敵前以五師團分九路擾晉東南，其最終目的即在
于此。查敵三次攻佔晉城，均不久即被我軍逐出，其掃
蕩大行山之計劃，至此又告粉碎矣。

8 月 23 日　星期三

上午接見第一戰區副司令長官孫連仲，孫在此次抗
戰為有名之將領，台兒莊、鄂北兩仗之大勝，當以孫君
為首功。果全體抗日將領皆能如孫君，則日寇早經逐回
三島矣。
記蘇德簽定互不侵犯條約

甫經簽訂蘇德商務借款協定締結以後，為改善政治
關係，忽又簽訂互不侵犯條約，德外長親赴莫斯科正式
簽約。此次談判之進行因絕對秘密，故消息宣佈後，各
國外交家均且目瞪口呆，不知所措。暴日得此消息大表

不滿，外交方面，既陷孤立，遠東軍事，復難措置，自認日本因此得一沉痛之教訓與打擊。

此後蘇聯西陲受有保障，其遠東行動即可自由，于此可見日本已被歐州各友邦所犧牲，日本或被迫改變其對遠東之態度。凡此變化，均有利于我國之抗戰。

至英、法、蘇現行談判，自必受深刻影響，但德、義軸心之思想之觀點，卻以為之推翻，此約足使歐州陣容完全改觀。

8月24日　星期四

香港形勢愈趨緊張，中、英邊界各橋梁已全數撤除，港英籍婦儒登記作撤退準備，以現在德蘇互不侵犯條約簽訂後國際情形觀之，日本已處絕對孤立之地位，不但不能威脅英國，必須轉送秋波于英國，英、日、遠東之磨擦或須和緩。日本自認德、義、日反共協定成廢紙，各報猛烈抨擊德國，謂德國自私自利之圖，日本決不受愚。午後六時出席中央黨部部會長官朱騮先、葉楚傖、陳立夫等招待印度國民黨領袖尼赫魯茶話會。

8月25日　星期五

歐州時局萬分緊張，英國會通過緊急國防法案，法國擬組織全國一致內閣，英首相張伯倫在下院演說，英決助波而戰，英、波互助協定簽字。德、波邊境常發生衝突事件，華沙極緊張。美國斡旋和平，總統羅斯福對德、波提三項辦法解決紛爭：

（1）直接談判；

（2）仲裁；

（3）調解。

　　並請義王協力阻止戰爭發生，又電德元首希特勒重申美國反戰政策。就上項情形觀之，歐戰雖有一觸即發之勢，但以各方利害詳加研究，恐開戰時期尚早耳。日本孤立無援，將改變對歐政策，向德提出抗議，謂違背反共精神。敵報主張現內閣辭職，敵內部向來意見紛歧，此次當更加磨擦。

8 月 26 日　星期六

　　蔣委員長夫婦在午邀宴印度國民黨領袖尼赫魯，余及李石曾、吳稚暉等作陪。午後五時出席孔院長招待尼赫魯茶會，孔、尼均有演說，尼赫魯知識豐富，思想清楚。滬訊，自德、蘇訂約以來，在滬日人對于英僑之態度，已發生重大變化，日哨兵已開始對英警敬禮，而德僑赴日佔領區者，其汽車上亦不復見有卍字旗矣。其無恥作態，狡詐善變，儘有若是之速乎。

8 月 27 日　星期日

　　上午八時至國民府出席紀念先師孔子誕辰典禮。午十二時約第一戰區副司令長孫連仲（號仿魯）午餐，偕子、纕蘅、東曙、芋龕等作陪。孫性情忠厚，治軍有方，抗戰有功，為不可多得之將才，將調任河北主席，並帶所部前往，深慶軍政得人（孫河北雄縣人，馮煥章舊部）。

8月28日　星期一

上午八時出席中央紀念週，何軍政部長主席，並報告。據云自武漢撤退後，敵人毫無進展，士氣尤為不振。最近三月，我軍于鄂北及晉南之中條山、晉東南之太行山（上黨）迭獲勝利，為開戰以來所未有，確係愈戰愈強。現在有二百五餘師，兵員約三百萬以上，武器較前更為精良。不過運輸更難，很可注意，因許多軍用品一時不能運至前方，子彈足敷兩年之用，軍事前途大可樂觀。

8月29日　星期二

上午八時出席行政院會議。午後偕李家偉回鄉會，擬主持明日本會政治訓練班第三期學生畢業典禮。敵外交失敗，平沼內閣狼狽辭職，自稱須改政治局勢以振民氣，繼任首相阿部信行大將呼聲最高。

8月30日　星期三

上午八時至永興場文武廟舉行政治訓練班第三期畢業典禮，並訓話（計一時四十分），詳情另記，大意如下四點：

（1）畢業後為學問事業之起點；

（2）治邊政策；

（3）信賴本黨主義；

（4）最近國際形勢。

至十時禮成攝影，禮節嚴肅，大家歡喜。日本內閣改組成立，以阿部信行大將任總理兼外相、畑俊六陸

相、吉田善吾海相。敵報評論頗為不滿意，詆為官僚內閣，不孚人望。

8 月 31 日　星期四

魯書性情忠厚，去年為賴某所控，激刺太深，精神大為不振，迭請辭去總二科長，前已照准，現在臥病在家。余特于今晨往石崗子伊住處訪問，並每月津貼生活費一百元。午後約訓練班新畢業生茶會，以本會高級職員作陪，余並作簡單演說，多係訓勉與關照之語。昨夜有警報，敵機約二、三十架分作三、四批，均未能入市空，在郊外投彈，距永興場不遠。

9月1日　星期五

上午八時本會全體職員舉行國民月會，余親自出席主席開會，並演說，並訓勉各職員。歐戰第一聲，不待下最後通諜，德軍今日上午九時三路攻波蘭，德、波邊境各地戰事甚激烈，波軍英勇抵抗中，但澤被德軍佔領。戰事既已發動，究竟是否擴大範圍，要問波蘭是不是有抗戰決心。果有決心，則英、法即不能不負條約之義務，于是而戰端不可收拾也。德軍此項之舉動，皆受蘇德協訂之結果也。

9月2日　星期六

昨夜敵機又襲渝，未能入市空，仍在郊外投彈。上午七時偕李家偉回城。九時訪達理札雅，達係甯夏阿拉善札薩克（即達王），前日由蘭州飛至重慶，擬謁當局報告旗務。達係清濤貝勒女婿，達生長北京，說很好官話，不懂蒙語。達與甯夏馬主席感情素來不好，馬已派兵駐防該旗，達此次來渝，擬請求回旗。

9月3日　星期日

上午接見達理札雅，並送余皮衣等禮品。邊人習慣如此，吾人還禮當更優厚，所謂厚往而薄來也。德軍遭受波軍猛烈抵抗，英、法對德最後警告，限德即自波境撤兵，如不接受，即行宣戰，實行援波。外交途徑已逼近盡頭，大戰命運，只繫于希特勒之一言。至義大利態度，頗堪注意，有擬宣告不作戰之說。

9 月 4 日　星期一

昨晚接西藏來電，西藏政府已于卅日自動通知印度政府，予余通過印度時之保護。是則關于余入藏問題，在本會方面手束業已完畢，此後請領護照及經費，是外交部、財政部之責也。昨夜敵機卅六架復分批襲渝，我空軍將士向敵機衝擊，被擊落兩架，尚有多架受傷。經過四小時之久，我們坐在防空室，異常疲乏。德國不答英國最後通牒，英首相宣布對德戰爭，英、法兩國駐德大使昨均回國。義國提五國（英、法、德、義、波）會議，英首相答覆，非德軍退出波境，礙難參加，如此歐州大戰，殆難避免。訪印度國民黨領袖尼赫魯，他將于明日回印。陳東原表弟生母林太夫人，在江津病故，享年七十有三，余特致函，並派天植姪就近代表致祭，又送奠儀一百元。

9 月 5 日　星期二

英、法出兵援助波蘭，二次歐戰正式揭開，英任命海外駐軍總監愛耀賽將軍為遠征軍總司令。英王及法總理廣播，激勵人民為國犧牲。蘇聯決守中立，對于交戰國兩方，一律供給軍需品。美國正式宣布中立，傳意國已放棄對和平努力。上午八時出席行政院會議，研究歐州大戰我國應取之態度，顧慮甚多，不易決定。又研究余入藏政府應給之訓條。今日與孔院長談話，甚為接近。

9月6日　星期三

英海空軍開始作戰，德在西線暫取守勢。法突破德西境防線。義首相發表重要演說，謂德方已因此舉而破壞義、德兩國前次之諒解，義方前次曾受之約束，自因不復拘束之力量，義大利決暫取中立態度云云。此種演說關係極大，德、義本有防共及軍事之協訂，今照義首相之言，則此等協定當然無效，萬一義援英、法，而德以孤軍應戰，真害多而利少也。接見本會委員，班禪教下札薩克喇嘛羅桑堅贊。余請伊勸告班禪堪布會議廳，勿管西康地方事，勿為西康人利用，要與甘孜軍政當局聯絡感情，多多念佛，求班禪大師早日轉世。羅甚以余言為然。

9月7日　星期四

午十二時半在外交賓館招待阿拉善旗札薩克達理扎雅午餐，請何敬之、陳辭修、陳立夫、于右任、邵立子、蔣廷黻、張文白等作陪。

9月8日　星期五

關于余入藏，政府擬給訓條，本日上午十時行政院特招集外交部、蒙藏委員會開審查會，余親往出席。午十二時半出席行政院談話會。滬敵訪英、法、德各國領事，要求各該國撤退在華駐軍。滬租界當局表示決不撤退，因滬並無德軍，無衝突可能。

9月9日　星期六

上午十時至重慶大學參加國民參政會第四次大會開會典禮，蔣會長主席並致詞，大概關于抗戰後方建設、現在軍事情況以及外交政策（詳情另記）。華沙情勢緊張，危在旦夕，波蘭政府已遷移。英軍開赴疆場助法作戰，德、法前線猛烈砲戰。倭外次恫嚇列強，謂若與倭立場採取相反政策，倭不擔保不發生可悲形勢。英外相向我駐英郭大使提保證，英對華政策不受歐戰影響。美增防太平洋，海、陸、空軍力量加強。

9月10日　星期日

上午八時參加國民參政會第二次會議，行政院長報告政治。與李石曾同車進城至余處休息。李主張余與宋子文合作，共同建設邊疆，彼此有益，于國家亦大有利，就是宋管理經濟，余管政治。余當即贊同。華沙郊外激戰，柏林公佈華沙業已攻陷。義報暗示德佔波後，採和平攻勢，果爾，亦係暫時結束此次衝突最好機會，否則歐州兵連禍接，不堪設想也。

9月11日　星期一

上午八時出席紀念週，訪李德鄰暢談時局，並推薦天植姪任安徽省府委員。華沙爭奪戰，德方宣稱已衝入市內。德將軍戈林之演說，預備一月克波蘭，屆時德準備媾和。英準備十年戰事，最低限度講和，須德軍先離波蘭。

9月12日　星期二

上午十時出席行政院會議。據魏秘長云，行政院擬給予入藏經費法幣四十萬元，英幣一萬鎊，看來數字甚大，但與民廿五年致祭達賴黃前專使入藏經費相比尚有不及。以余為主管長官入藏，為歷史創舉，何況余可代表本黨、代表國家，當然用費應格外寬籌。值此抗戰期間，財政固屬困難，然赴藏任務重大，又非金錢不為功。如向政府再再要求，未免有傷人格，只好聽政府發給，請政府于款項不敷用時准予隨時請發，如有餘當然退回。如政府能同意此說，則一切財政問題解決，惟目前關鍵在請領出國護照，如此不成，則一切皆談不到。午十二時陳辭修請余及達理扎雅等午餐，有航空委員會主任周至柔及王東原等在坐。周談世界航空情形，非常詳細，並云日本飛機甚有進步，我國航空人員身體不強。倭首相阿部昨對報界發表談話，今後日本或將向英、美、法、蘇謀外交關係之調整。

9月13日　星期三

倭政府發表西尾壽造大將任在華日軍總司令，前陸相板垣中將為在華日軍參謀長，充分表現侵略之野心。我們一切環境良好，擊破日軍乃意中事。晚七時半張文白、賀貴嚴宴達王，余作陪。

9月14日　星期四

上午回看韓楚箴、王東原。美當局重大表示堅決維護在華利益，反對倭寇任何片面行動，尤以在上海公共

租界內利益甚多，當然亦不容被壞。美國此等表示就
是支持英國，英亦表示維護上海權益，反對破壞中國
法幣。萬縣高射砲隊偉大戰績，前日（十二）擊落十敵
機。敵人向來以萬縣無高射砲設備，每次襲擊萬縣均是
低飛，視若無人，為所欲為。今次為我擊落十架，誠
大快人心，亦予敵人重大教訓也。午後三時回永興場
鄉會。

9 月 15 日　星期五

上午與叔仁、魯書、國書談余入藏後家中之佈置。
午後三時回城。晚七時朱騮先、陳立夫、葉楚傖、張厲
生四部長約達王晚餐，余作陪。飯後余與朱、陳、張暢
論邊疆政治，及任用邊疆人之方法。大概漢人邊疆去，
邊人內地來，主管邊事機關不一定邊疆人，邊人可用在
其他機關。又論及過去治邊無政策，以致錯誤太多，一
時挽回不易。蘇聯方面目下正在大規模之軍事準備，其
目的何在，已成為世界之謎，致英、法、德三國政府俱
甚憂慮。據估計，蘇聯西部至少有武裝部隊四百萬人，
此種大動員真堪注目，無怪歐州各國之驚惶也。

9 月 16 日　星期六

午十二時約陳果夫、羅佩秋午飯，羅佶子、江養正
作陪。並託果夫余入藏後，如本會發生較大問題，由養
正通知果夫，再由果夫轉報總裁，以期妥當。晚七時半
俞飛鵬、錢大鈞、劉經扶、錢宗澤約晚餐，座客有白健
生等四十餘人。白與余同座一席，藉此暢談，飯後白又

至余家暢論邊事及一般時局，先後約二小時以上，此乃
余與白談話時間最長者。白現任桂林行營主任，管理東
南半壁軍事，地位十分重要。

關于入藏經費問題上蔣總裁親筆函

總裁鈞鑒：

　昨日午交際科電話以鈞座下午四時召見，因適在鄉
間，未及趨謁。信入藏護照，現仍在外交部洽辦之中，
一俟辦妥，即可成行。至入藏經費問題，早于八月四日
摺呈庸之先生核示。查中央目前對藏，既無武力可以憑
藉，復無感情可資維繫，所欲賴以運用者，唯在結之以
恩惠耳。且信此次入藏，既代表本黨，代表政府，復代
表鈞座，關係至為重要。如經費不充，必至應付竭蹶，
轉遺中央之羞。但庸之先生以財政之立場，或有未盡瞭
然邊境之處，一切惟鈞座予以主持為禱。

　　　　　　　　　吳忠信　廿八、九、十六

　孔行政院長兼財政部長，不明政治，對余入藏經
費，彼此意見相左。他以財政為立場，商人之精神，余
以政治為立場，革命之精神，因此迭次談話不歡。

9月17日　星期日

　午後接見阿拉善旗副協理羅巴圖孟柯。關于達王回
旗事，余詳詢甯夏省主席馬少雲與甘肅朱司令長官，對
達王回旗之態度究竟如何，伊亦不能說出具體意見。余
表示中央對達回旗毫無成見，總希各方感情融洽後，回
旗較為妥當。蘇、日成立諾門坎邊界之日滿及蘇蒙停戰
協定，蘇駐日大使亦已發表。蘇聯進兵波蘭，外交當局

莫洛托夫闡明蘇聯為保護烏克蘭人及白俄羅斯人,已下令紅軍越過蘇波邊境。又說自德波戰爭發生後,波蘭內部之弱點及波蘭政府之無能即已表現,波蘭人民亦被其毫無思想不負責任之首領遺棄,波蘭事實上不復存在,故與波蘭所定一切條約,均已喪失效力云云。波蘭之亡,故是弱小,尤其是當局認識不清,最初相信德國太過,反對蘇俄太甚,即至德國威脅,又不肯接受蘇俄意見,致有此結果。今後德、蘇佔據波蘭後,動向如何,極堪注意,當然是英、法受最大威脅,與夫巴爾幹各小邦之危急。我國處此國際大變動之間,應付甚為不易,當然要採安靜態度,求本身之健全。尤其是內部不可發生事件,能維持現狀一年,我想必有好的機會。現在日、蘇既已成立停戰協定,是否繼續成立互不侵犯協定,值得注意,果爾,我環境更加困難。

9 月 18 日　星期一

今日九一八紀念日,軍委會本定閱兵,余于上午七時半偕蔣雨岩赴重大運動場參加,因天雨停止。晚八時半赴張文白家,促其託代交蔣總裁邊政計劃從速代呈。晚九時李德鄰來訪,他對王季文在香港亂說話、亂見客頗不為然,託余勸告。至十一時始告去。

西藏攝政熱振關于達賴轉世上蔣總裁電

吳委員長轉蔣委員長鈞鑒:

竊因為此次達賴轉世事宜,實深蒙我公始終德澤,事事勞神,並由蒙藏委員會屢飭催促青海省政府,此恩此德,始由青海派官兵護送,將靈兒,並佛眷父母及紀

倉佛人等，護送前來。業經由青海起程，當不久可到達
拉薩矣，皆我公所賜，感激無涯，實為欣慰。至於靈兒
入藏後，所有一切應行徵認、薙髮、坐床等大小典禮，
均俟中央代表吳委員長到拉薩時，應如何辦理，再當次
第呈報。謹先電呈。

西藏攝政熱振呼圖克圖叩　篠印

此電洵開三、四十年來，西藏與中央關係中未有之
局，亦中央對藏統制權充分之表現，同時余入藏辦理達
賴轉世之任務，實有圓滿完成之希望。余對靈兒將到拉
薩，而余起程無期，殊深憂慮。今閱此電，十分歡慰，
確是辦理此案最使我滿意一件大事。

9月19日　星期二

孔行政院長今日六十大慶，晨七時半偕蔣雨岩往
慶祝。八時出席行政院會議，決議改組川、豫兩省府
如下：

（一）蔣委員長兼川省主席，賀國光任省府委員兼秘書
　　　長。久經磨擦之川主席問題，至此可告安定。

（二）以衛立煌為豫省主席，衛此次抗戰任第一戰區
　　　司令長官，所戰多捷，為不可多得之將領。衛
　　　乃余之舊部，得此結果，余亦甚有光榮焉。

午十二時約江蘇韓主席午餐，並約王東原等。國民
參政會第四次大會于十八日下午三時休會，蔣議長致休
會詞大意如下：

（1）組織國民參政會憲政期成會，指定黃炎培、張君
　　　勱、周覽等十九人為該會委員；

（2）堅定必勝信念，前方努力挫敵，後方加強動員；

（3）消滅漢奸組織，紛碎敵人愚妄，撲滅叛逆鬼域；

（4）維護世界和平，深望英、美、法、蘇重視中國
　　　地位；

（5）實踐三民主義，召開國民大會，建立憲政規模；

（6）完成歷史任務，加強抗戰力量，同胞一致努力。

9 月 20 日　星期三

　　德、蘇聯合聲明，兩國軍隊之使命，在重建波蘭內部和平與秩序，並援助波蘭民眾，再造彼等國家生存條件。美、日關係惡化，日輿論仇美，認美對遠東政策可引起美日戰爭。英航空母艦「勇敢」號擊沉，被難者達五百餘人。七時于院長宴達王，余及程松雲等作陪。八時余宴達王及羅桑堅贊與本會委員等。

9 月 21 日　星期四

　　入藏經費問題大致解決，但以用九龍二虎之力。我為國事而請款，何等正大，人家則以為私人之請求，真正使人不快，使我心傷。晚七時周新民請晚餐，有李德鄰、白健生等在坐。

9 月 22 日　星期五

　　蔣委員長約午後四時見面，並談及入藏經費問題。余答以錢之多少毫無問題，如用有餘繳還公家，用不足請公家補發，總要行政院相信本人，則一切均易解決。又申明孔是財政立場，余是政治立場，當然見解不同，

亦是理所當然。

9月23日　星期六

上午八時偕佫子訪李德鄰，談及王季文兄事，均主張應當設法位置。隨決定由李與白健生上書蔣總裁，請在最高國防會議予以顧問名義，書中說王頭腦清楚，富于理論，誠現時代之人才云云。果能見諸事實，于中央、于廣西均多便利，尤使余在朋友方面，得到非常快慰。季文確有才，往往言行不慎，各方頗不量解。聞惟仁生病，特于午後回永興場家中，伊係患瘧疾已有二次。今日馴叔由學校回家，他非常歡喜。

9月24日　星期日

惟仁今日熱度至卅八度九，請侯醫診治，至午後熱稍退。午後三時回城，順送繼雅、馴叔回校。

9月25日　星期一

上午八時出席中央紀念，繼開談話會。據軍事當局報告，敵人現正由粵漢北段及沿湖，以海陸空聯合向汨羅一帶進犯。同時江西方面敵犯高安，經失而復克，其目的是進取長沙，或此方面是陽攻，另在其他方面施行主攻，亦未可知。又外交當局報告，蘇、德即實行瓜分波蘭，英、法更難媾和。吾人應注意若英、蘇宣戰，吾國應取之態度，果爾，真不易應付也。吳國楨兄夫婦約晚餐，有芋龕、昆田在坐。

9 月 26 日　星期二

　　美國將派遣大批軍艦赴珍珠港，海軍當局稱係舉行操演，實則有意對倭大示威。我駐英、法大使報告，英、法有事於歐州，無暇顧及遠東，只有對日本讓步之一法。法當局聲稱駐遠東軍隊或將調回，必要時或放棄遠東權利，亦未可知，並勸中國與日本媾和。蘇俄雖繼續支持中國，但自蒙邊諾門坎日蘇停戰協定簽定後，兩國局勢日趨和緩，現在盛傳將定互不侵犯條約。同時汪精衛將在南京成立政府，日本要求英、法承認汪府，同時敵軍壓迫長沙，而安南交通似有中斷勢。西北通俄公路運輸能力有限，如此情形，當然可慮。不過國際變化無窮，我們只要掌握現有實力，沉著應付，本革命精神向前邁進，定可轉危為安。

9 月 27 日　星期三

　　此次入藏關于經費問題，頗有研究，若不慎之于始，歸來造報必生麻煩。西藏情形特除，斷難施行會計法令，黃前專使入藏報銷，至黃去世至今未能核銷，黃生前大敢困難，十分痛苦。余有見于此，故對經費特別注意，並向蔣總裁一再說明。而行政院對機密費仍主造報，既無法令可援，復對本人輕視。今特致蔣總裁親筆函，託侍從室第二處主任陳布雷轉交（蔣現在鄉下休息），並向陳詳細說明此事經過。布雷代病與余談話有一小時卅分之久，誠令我十分感佩。

致蔣總裁親筆函　九、廿七上午

總裁鈞鑒：

　　頃由外交部見告，忠信經印護照，英國使館即可簽發，是忠信之入藏，大體已告成功。至于經費數目，亦已由行政院決定，可無問題。惟關于機密費一項，忠信與行政院意見不同，經已面陳。在行政院認為此項機密費亦須事後具報，忠信則以事屬機密，實有未便，但為表明心跡及對鈞座負責計，擬俟事竣後，以實支數目逕向鈞座呈報。為免將來糾纏起見，不得不慎之于事先，用敢坦直縷陳，尚乞諒察，並賜示為禱。

　　纏蘅約午餐，順談纏入藏護照事，觀其態度似未定。晚七時約江津安徽中學分校長張慶孚、張漢夫、周效良及教導主任周晉侯，並天植等，他們均係來渝受訓。

9月28日　星期四

　　上午訪李德鄰兄，暢談國際形勢約二小時之久，他頗有見地，他將回桂林省親。奚東曙介紹稅警總隊長孫立人君來見，孫安徽舒城人，清華大學畢業後，赴美國學陸軍，八一三上海抗日之後，身負重傷，勇敢可佩。此人頭腦清楚，知識豐富，本省後起之秀。午後接見中國旅行社長潘恩霖，暢談交通情形及旅行社服務之概況。該社屬于上海銀行，陳光甫兄一手所組職者，辦理已十有餘年，成績甚佳，誠中國有旅行社之發起者，其毅力精神令人可佩。叔仁昨日飛香港轉上海，會同奚東曙辦理入藏禮品。

9 月 29 日　星期五

　　昨夜陰雲密佈月無光，寇機兩度襲渝市，在郊野盲目投彈逸去，我們避入防空室，異常疲困。午後一時半訪葉楚傖談入藏宣傳問題，他有如下之主張，並擬約有關宣傳人員之蕭同茲、董顯光等談話。

葉楚傖對余入藏供獻之意見

（一）用宣傳的方法來宣傳必敗。

（二）能在西藏成立佛學圖書館最有效力。

（三）交換學生亦可一試。

（四）察看英、俄、日對藏之情況。

　　葉頭腦清楚，明白政情，辦事穩當，為現政府不可多得之人。葉現任立法院副院長，中央宣傳部長。

9 月 30 日　星期六

　　寇機昨夜又襲渝，仍在郊外盲目投彈逃去。上午九時陳應東介紹陳正修來見，正修係辭修之弟，現在柳州辦工場，少年有為之士。午後回永興場鄉會，向政治訓練班新生訓話。與小魯、養正討論余入藏後之會務及佈置。惟仁病雖無熱度，仍未起床。請張文寬女士任申叔教師，張態度溫和，頗有教才。

10月1日　星期日

整理入藏行裝。午後回城。晚八時約陳立夫見面，
託其向行政院斡旋入藏經費事。關于此項經費，使我精
神十分痛苦，如不慎之于始，將來難免困難于後。而行
政院又與余意見相左，如不忍耐應付，人將對我不諒，
反添蔣總裁麻煩，真是進退兩難，故請陳出而周旋也。

10月2日　星期一

上午八時出席中央紀念週。據軍事當局報告，敵人
現正進犯長沙，同時在晉南集中兵力，擬作第九次進攻
中條山之企圖。午十二時約葉楚傖、潘公展，及中央宣
傳部國際宣傳處長曾虛白、中央社長蕭同茲、中央日報
社長程滄波、掃蕩報社長何連奎午餐。因葉等均係辦理
宣傳工作，特與彼等研究余入藏宣傳問題。又詳細報告
近三年治邊經過。

10月3日　星期二

清晨訪張岳軍、蔣雨岩，談本日院會討論經費事。
關於入藏經費行政院議案　廿八、十、三　第四三四次
會議

據蒙藏委員會委員長吳忠信摺呈，請核定奉使入藏
經費總數一案。查前致祭達賴專使黃慕松二十三年入藏
用費，共支出國幣四十萬餘元。現在物價較高，對外匯
價低落，吳委員長此次入藏，又分海陸兩道，用途比
較廣大，且經過港、印及到藏用款，均須購買外匯。重
以吳委員長所負使命至為廣大，本院體察環境，對于所

需全部經費，酌定為國幣五十萬元，又英金二萬鎊。除所需特別機密費，准在該項經費內開支，專案密報外，其餘用度支出概算，由蒙藏委員會補編呈院核轉，所有酌定全部經費總數，先行送請國防最高委員會核定。當否，請公決。

決議：通過。

此種經費經過兩月之久，鬧得滿城風雨，只得勉強接受，但與余之精神上相差甚遠耳。其數字雖多，而較之黃專使二十三年入藏之物價匯價相比，所多者亦有限耳。國難如斯，惟有忍耐，余之精神大苦矣。又外交部電話，經過印度護照，即日可以辦成，聞之十分快慰，是則余之入藏問題，全部完美解決矣。現擬雙十節後由渝飛港，再飛仰光，約十一月下旬經過印度，十二月下旬到拉薩，誠能如此，真可告慰國人。

10 月 4 日　星期三

上午拜客，下午訪主計長陳靄士，商調國書同赴西藏。美國海軍集中夏威夷大操，當然是威脅日本。昨夜敵機又襲渝，在市外投彈逃去。答復敵機濫施轟炸，我大隊飛機昨日炸武漢機場。

10 月 5 日　星期四

經印入藏護照今日收到，至此入藏問題全部解決，現擬本月十五日左右由渝首途。湘北、鄂南進犯長沙之敵，連日經我出擊，傷亡慘重，其第三十三師團，迭受重創，潰不成軍。據敵發言人承認長沙之役，已至「微

妙階段」，日軍將是否進佔長沙，並繼續在該區作戰，
目前尚未決定云。現在敵氣不振，再無進展可能，我們
只要堅強抵抗，必可得最後之勝利。頃又悉湘北造成空
前戰績，斃敵三萬，遺屍遍野，並乘勝克復平江，汨羅
南北岸殘敵肅清，此等勝利空前未有。

10月6日　星期五

　　上午八時訪軍委會辦公廳主任賀貴嚴，商派軍會參
議高長柱往西康慰問班禪行轅。十一時出席本會談話
會，報告達賴轉世經過，並向同人告別。十二時約各委
員、處長、科長午餐。午後四時半，晉謁國府林主席，
報告達賴經過及此次入藏之任務與經費各問題，並辭行
請訓。談一時半之久，主席非常客氣。晚間與佶子、纕
蘅、東曙、昆田商議行轅人事等問題。

10月7日　星期六

　　午十二時應青海辦事處、蒙古各盟旗聯合辦事處、
綏境蒙政會辦事處公宴。午後偕昆田回鄉會，並過南開
接馴叔回家。

10月8日　星期日

　　上午到鄉會接見方科長家巽、阮調查室主任承霖、
張編譯員振佩等，並察看鄉會各處室、辦公房屋，佈置
尚整齊清潔。午後回城，道叔、文叔同行，並送馴叔回
校。道叔現在機械化學校服務，並已補少校職，日前由
柳州來渝，擬明日赴江津。晚六時應西藏代表宴，七時

至外賓招待所應王亮籌、蔣雨岩、陳樹人公宴，係專為
余送行者，有何敬之、周醒甫等作陪。

10 月 9 日　星期一

上午八時出席中央紀念週，據軍事當局報告，最近
長沙之役勝利之情形，在初期開戰，敵人一師團，我們
須五師團，此次長沙之役，敵人一師團，我們三師團，
且長沙易攻難守，我得大勝利，前途甚可樂觀。十時訪
中央黨部秘書長朱騮先，又訪宣傳部葉楚傖。午後接見
潘宜之等。晚六時應胡毅生宴，七時應考試院宴。又中
午約周惺甫、邵力子等便飯。

10 月 10 日　星期二

上午八時出席國民政府雙十節典禮，林主席領導行
禮並演講。十時過江至土橋於家灣看蔣太太，該處房屋
寬大，風景亦佳，他藉此念佛，頗覺清閒，即在該處午
飯後回城。蔣委員長現在城都，余待他回渝謁見後，即
飛香港。再與行轅全體同人集中仰光，轉印度入西藏，
大約十一月下旬集仰光，十二月上旬過印度，下旬至拉
薩。但現在交通困難，或須變更，亦未可知。

10 月 11 日　星期三

上午訪李德鄰、何芸樵等，午後接見蔣致予等。午
十二時應本會科長以上職員公宴。午後三時彼等到新村
五號行送，並向彼訓話，勉其努力工作。晚六時約王壁
如等便飯。

10月12日　星期四

上午訪張伯璇，關于天植回皖事，託其關照。午十二時應翁部長、潘次長宴，一時應何部長宴。晚七時應行政院孔院長及各部會長官公宴，諸同人對余態度誠懇，余十分感謝。又德鄰兄來談，戰事確有把握，伊將即日回襄河第五戰區防地。又晚間與張部長昆仲談話，至十時半而散。

10月13日　星期五

上午訪何雪竹、杜月笙，並陪申叔看牙齒，下午訪麥慕堯、覃聯芳等。晚七應上海銀行趙漢生、李其猷、馮子栽、沈永祥公宴。此時專待蔣委員長回渝，謁見後即起程。

10月14日　星期六

上午會商決定行轅職員公費問題，單問樞醫生決定隨余入藏，昨日由江津來渝，余甚滿意。午後偕方叔、申叔回鄉，並經過沙坪壩接文叔、馴叔一同回鄉。因襄叔姪女現考取四川省立教育學院，係男女同校，余特向伊訓話。大意以自治、自愛為原則，萬一該校風氣不佳，可以退學回家。又因申叔身體不強，不便入學校，特請張文寬女士在家教授。余告張先生及馴叔、文叔、襄叔等，余家向來精神教育，以早起與不說假話為唯一原則，必希望切實做到，倘此最低限度均做不到，必歸失敗。蓋早起必可勤，不說假話必可誠，果能勤與誠，則事無不成之理。

10 月 15 日　星期日

　　上午偕文叔、襄叔、馴叔、申叔野外散步，精神非常爽快。午後三時送文叔、襄叔、馴叔赴學校，余即進城。文叔現轉重慶大學商學院三級，襄叔今日赴教育學院報到，明日上課。晚間應章嘉辦事處公宴。

10 月 16 日　星期一

　　上午八時至國府出席中央紀念週後，居院長覺生一同至余家休息，余與暢談此次入藏與各方接洽之經過。午後二時接見青海財政廳長譚克敏，伊報告青海尋覓達賴轉世靈兒情形，以及西藏用費四十萬元之經過，同時據本會西藏代表張威白報告亦復如此，余聞之深為痛心，殊與國家體面有關。西藏向來天花盛行，午後三時行轅全體人員種牛豆。晚間分別應周仲良、西藏格代表、王又庸宴會。我空軍于十四日襲漢，再建殊勳，機場敵機逾百架幾全炸燬，此乃抗戰以來大收獲。

10 月 17 日　星期二

　　上午訪于院長右任，下午訪蔣處長廷黻等。晚分別應班禪辦事處宴及冷禦秋、朱仲翔、王葆齋等公宴。蔣委員長今日回渝，擬晉謁後即起行。本定十九日飛港，現改為廿一日，當可如期起飛也。

10 月 18 日　星期三

　　上午訪馮煥章，午後三時偕外交部秘書段觀海訪英大使卡爾，極為歡洽。伊並詳詢達賴轉世尋覓靈童之方

法與經過，順談佛教在蒙藏之地位。隨余入藏醫生單問
樞先生，今日飛港購藥。單人極忠厚，留學德國，在
渝生意甚佳，此次同行，余極滿意。晚七時應財次徐果
庭宴。

10月19日　星期四

　　訪魏道明、張岳軍等。午應蔣委員長宴，宴後談此
次入藏事結果圓滿，能如此者，蔣維持之力最大也。隨
辭行，並祝抗戰成功，蔣總裁身體康健，彼此皆歡。

10月20日　星期五

　　訪何敬之、王伯羣等。午應張文白宴，適近日拉薩
張威白迭次來電，關于藏方尋覓靈兒在青海用款一節，
請中央償還，否則影響余主持達賴坐床典禮，關係十
分重要。特于午宴後即席約國防最高會議秘書長張岳
軍、行政院秘書長魏道明、軍委會侍從室主任陳布雷及
張文白兄討論此案，均以關係國家體面及對藏信用，應
由中央將該項款項四十三萬如數補償藏方。遂由余電呈
蔣委員長，奉批：如果屬實，自應由中央以補助靈兒登
座大典經費之名義償付藏方，俾其歸還借款，俟吳委員
長查明電告實情及款項確數後，即予撥發云云。午後五
時謁行政院孔院長辭行，順談此項經費，他亦主張償還
藏方。此次辦理達賴轉世，真是難關重重，余亦精力用
盡矣，前途究竟如何，尚不敢樂觀。余為何一生盡遇難
事，或是命該若是耳。孔院長約英大使卡爾晚餐，余及
外交部長等作陪。

10 月 21 日　星期六

午後二時乘中山號飛機飛港，張文白、曾養甫數十人至機場送行。午後八時半到香港（在桂林停半小時上油），少祐、麗安，又和生、庸叔及段運愷等在機迎接，抵寓後見光良叔，十分歡喜。光良叔于民國廿六年九月十八日生，迄今已二年零一月又三天，此乃第一次見面。伊身體高大而強健，態度亦極溫和，據星相家云，此子命運甚佳，有如滿清名人張之洞者。

10 月 22 日　星期日

少祐兄來談，隨至少祐家，並午餐，季文亦在坐。餐後與少、季兩兄暢談別來二年餘抗戰之情形，及各個人之經過，至下午四時盡歡而散。近日上海謠言謂有姓名未便發表之調停人（大約是英大使卡爾）現向重慶方面商議和平辦法，我堅決否認。且當國內外形勢轉佳，決無談判屈辱和平之理。日蘇諾門坎停戰談判，現已成僵局。

10 月 23 日　星期一

上午偕少祐上街購零物，少祐、季文、定章在寓午飯。午後段運愷及上海銀行經理楊介眉與伍克家夫婦來訪。英、法、土三國互助協定成立後，柏林外交情況頓然呈現緊張，感覺深切失望。

10 月 24 日　星期二

上午伍克家偕上海銀行朱汝謙君來談關于送十四輩

達賴禮品事，原擬送銀掛屏，因所寫之字欠佳，此事係
託朱君代辦者。午後特與季文赴九龍訪徐季龍先生，託
其代書。徐年將七十，清翰林，皖人，與余有舊交。隨
商定送銀掛屏四個，計林主席、蔣委員長、孔院長及余
各一個，每屏四字，如下：光照震旦、誠感諸天、洪揚
佛化、澤被眾生。此四屏價值約港錢五、六千元，合法
幣約二萬元之譜。在少祐家午飯。

10月25日　星期三

美國加強遠東政策，日外交陷于孤立，美駐日大使
格魯忠告日本，美國維持權益，日欲求調整，唯有一反
前轍。以駐在國大使如此表示，未免輕視日本。以日本
現在內政、外交、軍事、經濟均至最後清算階段，其變
化隨時可以發生。現內閣又將搖動，即再改組，亦不能
應目前緊張環境。

10月26日　星期四

上午偕少祐上街做洋服，以備通過印度之用，即在
少祐家午餐。得國書來電，入藏經費業已領到，伊擬廿
八日由渝飛港。

10月27日　星期五

此時專待奚東曙及叔仁在滬所辦之禮品完成後，即
可決定行期。入藏總以愈速愈妙，否則靈兒既已到拉
薩，如日期太久，恐生變化。

10 月 28 日　星期六

李德鄰前致親筆函與蔣委員長推薦季文，頃德鄰致季文電云蔣詢季文能否到渝，季文徵余意見。余主張先問季文是否願意出山，果爾，應先做兩件事，第一件對廣西應做到運用自如；第二件對蔣先生應做到感情融洽。倘能將此二事做成，等于百萬武裝軍隊，則戰無不勝，攻無不克，于公于私，均有好處。季文深以為然，余甚欣慰。季文約晚餐，以其全家及少祐全家作陪，席極豐盛，余深感激。國書由渝飛抵香港（午後八時）。

10 月 29 日　星期日

在少祐家午飯，午後偕麗安、國書到伍克家。又同陣訪楊介眉，關于入藏經費，特託伍等代為辦理匯往印度。

10 月 30 日　星期一

上午照相，預備帶往西藏送人。余背痛已八閱月，適少祐樓下住有一古法針灸專家鄭思道，遂即請其針治，比即舒適。據云三、五次即可全愈，久欲覓此種人而不可得，今無意得之，真巧事也。

10 月 31 日　星期二

午前再請鄭師道針治背痛，較昨日更有效。余自今年一月二日發暈後，迄今未愈，近日頭更暈，隨時可發生危險，而血壓在九十度以下。少祐對此病很有經驗，對余又異常熱心，特于上午陪余至（英人）賓治醫生診

治。據云須從速診治，故于午後請該生打針。

11 月 1 日　星期三

上午請鄭醫打針。在少祐家接見西藏代表圖丹桑結及熱振派來香港辦理物品之江巴貢桑、開覺、曹順昌等。午十二時偕季文、少祐、單醫生、國書、定章、麗安至小香港鎮南酒樓午飯,全是海味。午後偕季文訪許汝為,因已遷居,故未遇。

11 月 2 日　星期四

上午請鄭醫打針治背痛。下午請賓治醫生打針補血,今日頭暈較前大好。下午三時半偕少祐、運愷過海拜訪李思浩、曾雲沛、吳季堂,皆係前安福要人,在此抗日大時代,避居香港,真是難得,殊可敬佩。又訪杜月笙、鄭毓秀,外出未遇。蘇俄外交委員長莫洛托夫發表演說,重申中立政策,一本蘇俄自身利益,抨擊英、法作戰,對德友誼將在政治上聲援和平運動,對日本關係改進已見端倪,成否尚難預斷。此種演說,面面皆到,惟德國以蘇維持中立,將使德國失望,英國以蘇聯嚴守中立,當然十分滿意。總之蘇外長所關懷者,全為本身之利益,而非德國之利益,可斷言也。義大利新閣成立,親德人物相率去職,勢將加強中立政策,益使德國孤立。日本想與中國直接談判,又想聯絡英、美,又想聯絡蘇俄,其唯一目的,希望結束中日戰事。就各國勢形觀之,必有新變化,我們拿定主義,認清目標,謀自國之利益,求民族之復興。庸叔昨發熱,今仍未退,膽起丹毒,請李、單兩醫打針。

11月3日　星期五

上午請雅安醫生、鄭醫生分別打針。十時偕少祐至
丹桂村鄉間訪季文，即在少祐家午餐，季文家晚餐，下
榻少祐家。鄉間空氣清爽，太陽愛人，久居于身體大有
裨益。他們二家房屋寬大，衛生設備又非常完全，真是
天堂之天堂也。

11月4日　星期六

今日借此整日休息，無所事事，身體俱安，為近三
年來最清閒之一日也。

11月5日　星期日

有許炳堃者（號潛夫），浙江德清縣人，前任浙江
教育廳長，現在歸依三寶，避難客居丹桂村，與少祐、
季文因鄰居關係有往來。今晨來少祐家，與余相遇，相
談佛法，非常歡洽，可謂有緣相會也。據許云余于廿四
年乘江輪赴漢口，轉飛貴州就任主席，于江輪中由葉元
龍介紹見面者。得昆田電，支日午後到貴陽，魚日換車
西進。午後回香港。百齡老人馬相伯先生，四日在諒山
病逝。余頭時暈，日前量血壓低至八十五度，按余年齡
應該一百四十五度，如此非常危險。經打針與休養，已
增至一百十二度，如繼續診治，當可復原。

11月6日　星期一

日前東曙、叔仁赴滬辦理入藏禮品，現已完成，今
晨回港。據云禮品已由滬直運印度，惟滬海關受日人監

督，該項禮品除正式上稅外，而經過海關亦屬不易。而
海關禁銀出口，因有一部分銀器禮品，海關萬難通過。
無已，東曙請求滬美國外交當局予以幫助，東曙以美外
交人員名義將該項銀器免予查驗通過海關，運至香港。
入藏禮品係屬重要，今既圓滿解決，余甚歡慰。此次東
曙、叔仁辦理迅速、妥當，不得不十分感佩。至此對于
入藏一切問題均告成功，現決定張國書、單醫生、圖代
表、攝影師四人于本月十二日由港乘輪直放加爾各達，
經過仰光與余及行轅全體人集會，然後一同往印。余擬
偕奚東曙由港乘飛機，經安南之海防、河內、暹羅之曼
谷，約廿四日前到仰光。

11 月 7 日　星期二

　　上午偕少祐訪老友許汝為兄，他約在九龍球場見
面，並在該場俱樂部留午餐。他二夫人及其女公子、女
婿及陳道行夫婦作陪，經過時間三小時之久，暢談甚
歡。他近年專事運動，身體十分強健，為近廿年來所未
有，如能再加以學術之修養，或可東山再起也。在民
十一年余由粵下野，雖與他感情有傷，但事過境遷，余
久無此芥蒂矣。

11 月 8 日　星期三

　　上午在思豪酒店見謝英士（廣東人），他是奚東
曙、李芋龕朋友，向在交通部服務，青年有為。季文兄
的三胞兄在桂林原籍病故，午後偕少祐至丹桂村季文兄
家弔唁，並送奠儀港幣一千元（約國幣三千元）聊表

心意。晚間宿少祐家。杜月笙午後來訪。再請雅安醫生
打針。

11月9日　星期四

上午回香港。午後到思豪酒店會段運愷，他因段老
太太（芝泉先生夫人）在滬有病，他擬親往省視。又段
云齊俊卿在滬病故，特給奠儀三百元，託段轉交。晚七
時在英京酒家約上海銀行代總經理楊介眉、黃儉翊，香
港經理朱如堂、滬經理子謙世兄及伍克家、朱汝謙等，
以奚東曙等作陪。因此次在港關于入藏交通及經費，均
託該行代辦也。

11月10日　星期五

上午訪許汝為、鄭毓秀，許外出未遇。午後請雅安
醫生打針，又請周錫年耳醫看耳，因日前由渝飛港，耳
閉氣不通，故請周診治。德圖進犯荷、比，日趨明顯，
德騎兵已在邊境活動，荷、比積極備戰，德、荷邊境發
生糾紛，荷一切防禦計劃，迅速施行，水淹主要防線，
昨已開始。

11月11日　星期六

接王靖侯兄來函，伊夫人王大嫂于陰九月廿三日
病故，請余幫忙，擬送奠儀二百元。王嫂在靖兄先去
世，總算是有福氣的。上午接見隨同入藏徐攝影師（蘇
靈），再請周錫年診耳。季文由鄉來港，暢談之下，與
余意見甚接近，為從來所未有。季文此次最明白說話有

二，就是吾人凡辦事期于有成，第一要有實力，第二要多數人同意。伊索重理論，今次注重實際，切合我心。周昆田由滇來電，擬十三日換車西進，擬廿四日前趕到仰光，偌子、纕蘅六日由渝飛至昆明，擬號日飛臘戍換火車赴仰光。在少祐家午飯。

11 月 12 日　星期日

國書、單醫生、徐攝影師、圖代表，今晨九時乘奚埃拉輪赴加爾各達，廿三、四過仰光。余擬乘飛機，至遲亦于是時趕到，與昆田等會齊，乘該輪赴印度。東曙、叔仁前在上海所辦禮品，亦由奚埃拉運印度，真是圓滿極矣。余此時只待飛機期定即起程，在此待飛機時間，什麼事都沒有，清閒極矣。與少祐、和生、叔仁、麗安、定章、庸叔等厚德福便飯。請周醫生診耳。

11 月 13 日　星期一

再請周醫診耳，情形大好，將復常態。午後偕麗安、庸叔、良叔至丹桂村少祐家，擬休息數日。余並偕季文夫婦訪故友鄧仲元兄夫人，又謁見仲兄太夫人，年已八十有七，余不見面二十年矣。

11 月 14 日　星期二

上午訪許炳堃先生，他深通佛法，尤精儒學，在浙江教育界頗負重望。中餐、晚餐均在季文家，他家沒廚師，他夫人自己上廚，辦很多菜，真是不易，真是難得。昆田來電，準十四日換車西進，偌子、纕蘅廿日由

昆明遄飛仰光。余與曙東已定英帝航公司飛機票，廿二
日晨由港起飛，經安南，于是日午後到曼谷住宿，廿三
日換機飛仰光。

11 月 15 日　星期三

　　東曙、叔仁來丹桂村遊覽，隨即回香港。偕少祐、
麗安等鄉間散步，身心俱安，為從來希有。

11 月 16 日　星期四

　　日軍北海登陸，其企圖佔南甯，截斷廣西與安南之
交通。惟廣西山路崎嶇，進軍殊屬不易，且廣西人民素
有組織與訓練，必猛勇抵抗，是無疑問的。

11 月 17 日　星期五

　　上午偕少祐、季文、麗安、庸叔、良叔至青山海邊
浴場，參觀少祐海浴更衣休息室。午後至季文園中代其
整理杏樹。上海銀行楊介眉、伍克家，午後五時來丹桂
村遊覽，並留在少祐家晚餐。

11 月 18 日　星期六

　　今晨季文與余作最真誠之談話。他聲明本不想出
山，因余此次來港數次談話，為誠摯之所動，並開家庭
會議，決定今後出處以余意見為轉移。余甚感誠意，尤
感覺責任之重大，余與季文奔走國事經過，為日已久，
以此次最為圓滿，此乃年齡及經驗之增長有以致之也。
上午九時偕麗安等回香港。江處長養正來函，三日晨在

重慶咯血劇作，伊身體素弱，當復函囑其靜養。

11 月 19 日　星期日

午十二時在燕京酒家約季文全家及少祐全家午餐，並約伍克家老太太及夫人、公子作陪。午後偕少祐遊香港最高之旗山，步行一週約小時之久，路工巧妙，懸崖不便築路之處很多，皆架以懸空鋼骨水泥橋樑，工程甚大。沿途山水在目，確係大觀，亦可佩英人之建設也。義大利、西班牙請德國尊重荷、比領土，是則德國更感孤立，羅馬聲明繼續反共，如此將接近英、法，國際變化，令人莫測。

11 月 20 日　星期一

上午偕少祐遊山。午應廣西銀行張■堂午餐，在香港仔鎮南酒家。晚赴金龍酒家，應上海銀行楊介眉宴。

11 月 21 日　星期二

上午十時接見中國銀行總管理處人事主任林暐（號旭如），福建仙游人，美國留學生，奚東曙介紹來見者。午十二時謝英士在高羅士打酒店約午餐，午後五時回看杜月笙。晚七時少祐在新託元約晚餐，明晨擬乘英帝航機赴仰光，恐時間過早，過海不便，特于晚九時半過海，宿半島酒店。麗安牽庸、良兩兒送至渡口，皆大歡喜。六中全會昨日閉會，決議于明年十一月十二日召開國民大會，又推蔣總裁兼任行政院長。

11 月 22 日　星期三

四時五十分麗安來電話，隨即起床。五時四十分吃咖啡，六時赴飛機場，少祐、定章、和生、叔仁、克家及季文婦夫均到機場送行，七時乘英帝航機波丹離拉號，立即起飛。在前數日有一帝航機在圍洲島經過（該島現為日軍佔據），為日機威脅降落，余深疑慮。于十一時十五分安然抵安南之河內，非常快慰。十一時四十分由河內起飛，在暹邏之屋登稍停加油，下午四時半到曼谷，此處時間與香港約早一小時，正下午三時半，因向西行之故也。波丹離拉號英籍駕駛員兩人，兼管無線電，並照料乘客之飲食。行有餘時，又與乘客談話，以慰其寂寞。其任事之真實與週至，誠不愧為頭等國民。由帝航公司招待住宿東方酒店，日尚未落，以走馬看花方式遊覽曼谷繁華街市及王宮，並至越波寺拜佛。惟天色已晚，不能見佛尊顏，亦只敬心而已。晚間閱報，驚悉曼谷總商會主席、中央僑務委員會委員蟻光炎于昨晚被人狙擊殞命，十分痛心。查中暹沒有通商條約，在暹羅三、四百萬僑胞，素受暹羅欺凌，最近尤為極積，僑胞領袖陳守明等早已走開，僑胞已岌岌不可終日，今蟻先生之遇害，更為恐惶。余睹此情形，心中非常難過，當轉告政府設法補救。

11 月 23 日　星期四

六時起身早餐。接見中原日報記者張美成君，談及蟻光炎被刺事。余勸僑胞，應內部團結，遇事忍耐，政府亦深知華僑處境困難。上午八時廿分至海邊乘帝航飛

船，八時四十五分起飛，十一時卅分到仰光，外交部
曾次長庸甫、榮總領事保禮、許兆鵬領事（號南溟）、
沈祖徵（號右棠）、田保徵兩副領事，及華僑各團體代
表，及先期飛至仰光佶子、纕蘅、昆田三人均在碼頭歡
迎。昆田本由滇緬公路前來，因至楚雄覆車受傷，幾遭
不測之禍，故改乘飛機來仰光。因此由陸路運輸之行
李，不能如期到達仰光，真是美中不足。好在昆田及其
他人員生命安全，余甚慰焉。午後拜訪緬甸總督府秘書
長、國防部秘書長，並約定廿五日禮拜六上午十時半與
緬甸總督見面，又訪曾次長等。

11 月 24 日　星期五

國書、單醫生等乘奚埃拉輪，今晨到仰光。該輪擬
廿六日再開加爾各達，國書等仍乘該輪赴印。上午偕東
曙、國書、榮總領事、名畫家徐悲鴻君等遊覽大金塔，
該塔莊嚴寶貴，世界所無，全緬人精神之所在也。徐悲
鴻君係由星加坡赴印度，與國書同船，由國書介紹來見
面者。午十二時在領事館便飯，午後回看各團體，晚應
曾次長、榮領事公宴。

11 月 25 日　星期六

上午十時半偕榮總領事拜訪緬甸總督呵克林，晤談
之下，甚為歡洽。余表示吾國抗日，緬甸諸多幫忙，向
該督道謝。午後三時出席僑胞各團體代表歡迎茶會，余
報告抗戰經過，及余入藏情形。晚應陳質平、陳湘濤
宴，伊二人均在西南運輸處服務，專任此間與國內運輸

事宜。現海口均被敵人封鎖，惟一國際海口就是仰光，
在此間吾國外交人與運輸人員責任非常重大。就余觀
察，緬甸對于中國抗戰確是幫助，仍望在仰光中央服務
人員謹慎從事，使中、英、緬感情日加良好。

11 月 26 日　星期日

國書、單醫生上午十時半仍乘奚埃拉輪西進，約三
日到加爾各答。金卓民、何洪池、蔣長春由陸路運行
李，亦于上午平安抵仰光，全體行轅人員集中，孔處長
計算應已到拉薩，至此入藏又告一段落，余甚快慰。上
午九時半偕榮總領事拜訪緬甸國務總理宇浦，余贊揚仰
光市政整齊，大金塔莊嚴，又彼此談及佛學。宇緬甸
人，英國留學，專法律。午遊覽動物園，順訪曾次長，
並辭行。午後出席旅緬仰光延年聯合會歡迎會，緣華僑
習慣最愛同鄉，最愛同族，此間有吳姓數百人，均係
廣東、福建籍，此次出席數十人均係代表，係有地位
者。全體先向祖宗行禮，余演講泰伯、季禮故事，盡歡
而散。

11 月 27 日　星期一

上午十時出發至飛機碼頭驗護照，十一時乘機（係
飛船）西飛，途中休息四十分鐘，至午後五時抵加爾各
答（本地係午後四時，較仰光約早一小時）。該飛船
駕駛長名馬遜，前在廣西任飛機教官，對中國頗有感
情。並請余參觀駕駛室及發動機，係另以一小機器指揮
飛行，可以不用人力，科學進步驚人，據云此種發明已

三年。加爾各答總領事黃朝琴到機場歡迎，隨一同至領
休息。黃領事約晚餐，以領事薛壽衡（號頤平，蘇州
人）、隨習領事章文騏（盧江人）、主事葉俊謙及中央
黨部印度報主筆翟肖佛等作陪。住大東旅館，係本地最
大而有名之旅館也。

11 月 28 日　星期二

　　駐拉薩代表張威白偕庶務李耀南早到加爾各答等
候，今晨來談，關于西藏一切情形及達賴轉世甚詳，前
謠傳達賴轉世大典提早舉行不確。又拉薩轉孔處長十四
日江達來電云廿三日可到拉薩，擬回趕到江孜迎接，隨
復電在拉薩等侯。就近日情形之達賴大典既未舉行，孔
處長又到拉薩，余又安抵加爾各答，而海關又允免驗、
免稅入藏行李及禮品，至此時于入藏又告一大段落，余
心十分歡慰。接見北平商人張克昌（義生昌）、梁子質
（興記）、印度日報翻譯李虎、邦達昌代表等，又接見
國際大學教授譚雲山君。午後與黃領事遊覽街市，留黃
在旅館晚餐。

11 月 29 日　星期三

　　接見青海護送達賴轉世護送靈兒入藏專員馬師長海
元，及前團長馬甫臣。他們均係回回教，此次由拉薩來
印度，擬赴麥加朝天方，一行男女約四十人，內有八十
歲老人三人一同前往。該老人等由青海騎馬經西藏入
印，此種朝天方精神，令人可佩。馬團長送余騎騾二
匹，係此次伊自騎入印，現在加倫堡，該騾並能抬轎。

余得此騾，適合時用，入藏途中幫助定必方便多矣。此
二騾約值印弊七、八百盧比，馬團長盛意，深為感謝。
國書、單醫生等今日午後船抵加爾各答，待昆田等到齊
後，即可入藏。偕總領事等出街遊覽。

11月30日　星期四

　　上午偕黃總領事及華僑巨商（秦董才）分訪華僑各
團體及黨部及印度報，秦君約午餐。與張威白、圖代表
等研究行李、禮品之運輸。惟藏人行路均係乘馬，坐轎
頗不易覓，而同來諸君，除余外，均係文人出身。且
山高路險，天氣嚴寒，正不知同人等如何通此喜馬拉亞
之難關也。黃總領事約余等看印度電影，其歌唱、音樂
相似我國。印度人種複雜，語言多至百種，早婚、殉夫
之弊俗，尚未革除。宗教有婆羅門教（印度教），信徒
占全人口三分二，分人民為四種階級（僧呂、貴族、平
民、奴隸），界限森嚴，為印度社會進化大障礙。回教
無階級，印度教時與爭鬥。佛教起源于此，勢力甚微，
其信徒僅見錫蘭島，基督教逐見流行。

12 月 1 日　星期五

午十二時四十五分偕黃總領事拜會本地總督哈爾巴，談二十分鐘，多係關于中英邦交及現在國際之變化。一時二十分午餐，伊夫人出而招待，在坐黃總領事外，有該督署文武官員作陪。午後偕黃總領事遊覽加爾各答市外森林公園，空氣清明，古樹參天。

12 月 2 日　星期六

偕黃總領事遊覽伊登公園及加爾各答湖。蘇俄進攻芬蘭，芬蘭改組內閣擬議和。此真弱肉強食，所謂維持弱小民族、平等待遇弱小民族，誠欺人之談也。

12 月 3 日　星期日

昆田、纏蔭、卓民一行十二人由仰光乘船，今晨到加爾各答。是則行轅全體人員安然集中，午後與全體人員說話。晚間與譚雲山、徐悲鴻暢談邊疆及西藏情形，譚曾到過西藏。

12 月 4 日　星期一

薛領事夫婦于午後五時請吃茶。黃總領事請吃晚餐。現正添購零物，及匯款拉薩手束辦清，全體人員即赴加侖寶。

12 月 5 日　星期二

阿汪堅贊請午餐，偕黃總領事遊動物園及維多利亞紀念堂。晚應華僑聯合會公宴。據邦達饒幹報告，英國

駐哲孟雄行政長官擬率同不丹小王及哲孟雄王前往拉薩
參加達賴轉世大典之說。余擬明日赴大吉嶺小住，即赴
加侖堡，即入藏，總以從速安抵拉薩為上策。

12月6日　星期三

　　購買鞋、帽，並遊覽加爾格答街市。偕黃總領
事、單醫生乘晚九時車赴大吉嶺，各華僑團體代表到車
站送行。

12月7日　星期四

　　上午七時抵西里古里車站，該處係至大吉嶺、加侖
堡之要道，當地縣長、公安局長均至車站歡迎。隨換汽
車于十時廿分到大吉嶺，下榻太極峰最大旅館，在嶺僑
胞代表及當地縣長、公安局長均在旅館門前歡迎。該
縣長係奉加爾格答省府命令，予以照料一切也。大吉嶺
原屬中國，聞于一千八百七十一年讓予英領印度，印度
茶出產地，我國川茶受此影響甚大。居民有中國人、哲
孟雄人、尼不爾人、不丹人、西藏人，均係中國習慣、
中國文化，其像面尤似中國人。吾國自將喜馬拉亞山南
部溫暖地帶失去後，西藏形勢一落千丈，喜馬拉亞山與
中國國防關係十分重要，如能控制該山全部（必須將南
部失地收回），方可左右亞洲。余前所主張對于西南國
防應從西藏著手，如欲鞏固此目的，更應掌握喜馬拉亞
山，余將另作喜馬拉亞山與中國之關係文請政府注意，
亦即是此次到大吉嶺之所得也。喜馬拉亞山高度傳說不
一，互有上下，就余研究，第一高峰約二萬八千五百尺

至二萬九千尺，第二高峰（名干城中角）約二萬七千
尺，大吉嶺六千七百尺。大吉嶺天氣甚寒，現在已至
四十度，可穿皮衣，房間已生火。余之住房北窗正對喜
馬拉亞山，終日第二高峰雪山在望，積雪終年不化，真
是大觀。邦達昌主人饒幹，偕同宮比喇、貢古旭，由加
侖堡專誠來謁，隨即接見。邦達昌係西藏大商家，余入
藏經費之匯兌及陸路運輸，均託該號代辦。宮比係第
十三輩達賴身邊親信，說一不二之要人，達賴圓寂後拿
辦問罪，幾至生命不保，俟得抄家、充軍之罪。貢古旭
係龍廈親信，龍辦罪後，貢亦得罪。近年宮、貢出亡至
加侖保，聞英人保護並接濟，此次既來請見，當然予以
接見。余對藏祇希望第十四達賴轉世典禮圓滿，當然不
問其內部之是非也。查龍廈係前藏軍總司令，擬謀殺熱
振、司倫等政府要人，自為藏王，求英保護，事先發
覺，逮捕之，挖去雙目，其黨羽分別流竄，此為親英派
之失勢也。

12 月 8 日　星期五

留邦達饒幹、宮比喇、貢古旭午餐，以表對失敗者
之優待。午後出席華僑歡迎茶會，余報告國內抗戰情形
及入藏之任務。午後四時半阿汪堅贊偕邦達昌經理由加
侖堡來見，報告運輸及匯款事，隨即回加侖堡。余俟一
切籌備完成後，再至加侖堡，即行入藏，不擬勾留。

12 月 9 日　星期六

大吉嶺縣長陪同余及黃總領事、單醫生于上午十時

乘車至大吉嶺後方八千二百尺高地，遙望喜馬拉亞山二
萬九千尺最高峰。此種機會非常難得，余得觀世界有名
之第一高峰，真是一生大幸，其快慰等于民十八年六
月廿四夜十二時在瑞典火車中觀日出。中國有幾人能觀
此最高峰，又有幾人能觀夜十二時之日出，余能如此，
必有宿緣，此後更應努力為社會服務以報之。周昆田等
將于明日由加爾各答乘火車赴西里古里，十一日可到加
侖堡。查西里古里係火車終點，另有二輕便鐵道，一至
加侖堡，一至大吉嶺，此乃英人經營西藏唯一鐵道。吾
國入藏交通仍係上古時代情形，英人既握西藏交通經濟
特權，藏人自不敢得罪英人也。吾人對藏應恢復故有感
情，一面發展交通，或可挽回一切也。

12 月 10 日　星期日

大吉嶺每逢星期日為逢圩日，四鄉人民均來買賣物
品，頗熱鬧，特往遊覽。今日天氣溫和，身心適宜。余
自一月二日在重慶頭暈後，數月未愈，十月由重慶飛香
港再飛加爾各答，兩月餘，耳又失聽。前日至大吉嶺
清涼高地，頭暈與耳失聽均告全愈，可見重慶、香港、
仰光、加爾各答，溫暖地帶與余身體不相宜也。現在血
壓仍未見高，通常在九十五至一百四、五度。午後接見
七十老人王□，西康籍，生長西藏，服務中國駐藏大臣
衙門廿四年之久，並任亞東關監督，英語非常流利，漢
話業已忘記，現在大吉嶺作寓公，有數十萬家資。他對
西藏固明白，而對中國與英國交涉之經過更為明了，深
嘆當時辦事不得人，以至交涉之失敗。他願將中英交涉

一部分案件，查出供獻政府，余當囑黃總領接洽。又據
王云當時中國官吏大半吃鴉片煙，不辦事，似此情形，
可嘆而又可恨。張威白今晨到加侖堡。

12 月 11 日　星期一

　　上午接見管理大吉嶺、西里古里、加侖堡三縣區
督察專員及警務長，均英國人。昆田一行八人及行李
一百八十件，今日到加侖堡，現在專待國書在加爾各答
辦理匯款完成，即起行入藏。午後拜謁大吉嶺喇嘛廟，
並佈施。

12 月 12 日　星期二

　　上午偕單醫生遊覽大吉嶺東南方高地，步行約二
小時之久，山徑曲折，古柏參天（很多約五百年以上
者），可算大吉嶺唯一之風景。昆田來電話，抵噶倫堡
之行李與禮品箱，須改裝，須一星期或十日方可完成。
余限定廿日前起程入藏，並擬明日午後赴加侖堡（亦可
作噶倫鋪，均是譯音）。

12 月 13 日　星期三

　　接見副警務長、大吉嶺縣長，彼等來送行，並派大
吉嶺警察署長葉承開護送至加侖堡。葉係廣東人，土生
大吉嶺，能英語、藏語、尼不爾語，人甚和平。午後一
時半起程，四時廿分抵加侖堡，藏人及華僑及喇嘛列
隊歡迎，十分熱烈，聞為加侖堡從來所未有，亦可見藏
人傾向中央之一搬也。下榻邦達昌商號，該號係有名大

商家。接見不丹代表，據該代表云，不丹無電報、無郵政，由此至不丹京城須三星期，由此可知不丹尚過上古生活。加侖堡氣候溫和，現雖嚴冬，如江南春三月。入藏有二路，一由牛頭山，一由哲孟雄，隨決定經過哲孟雄，並決定十九日由加侖堡起程。

12月14日　星期四

上午偕阿汪堅贊、總領事拜喇嘛寺，並佈施。有四川八十老人久客此間，孤身一人，實是可憐，而年事已高，無法幫其回川，只得酌予接濟。接見前英國駐藏商務官麥唐納，此人駐藏廿餘年，能藏語，現因年老退休，在加侖堡作寓公。對于中、英、印、藏關係十分清楚，暢談一小時久。他很怕共產侵入西藏，余答以決無此事，又申明達賴轉世後，西藏安定，使中國、印度均可平安，彼甚然甚說。又接見英國大商人奧林，他任加侖堡美術品工場主任，大資本家，約余明日午後吃茶。午後三時應不丹國駐印代表多而志夫婦茶會，多係不丹要人，與丹王次一級，亦呼為王，表面代表不丹，其實就是英國派其辦理不丹事務者，他的夫人是錫金王的妹妹，余送他繡花及川綢。訪阿委員及邦達饒幹。接見康商桑杜倉，他送米、麵、洋酒等禮品，桑亦係大商家，做出口羊毛，他的弟弟任大金寺管事。

12月15日　星期五

上午接加侖堡西藏、印度、尼百爾代表，並攝影，接見河南人和尚，並予接濟。又見于民國六年康藏戰事

失敗，流落此間老兵代表三人。偌子、繼藺、國書、卓
民等今晨到此，行轅全體人員集中。午後三時應英商人
奧林茶會，適英國駐錫金哲孟雄行政長官歌德亦在坐。
歌昨日抵此，他表示入藏途中為余幫忙，再三表示誠
意，前此謠言伊將親往拉薩之種種情報不足信也。如此
關于入藏對英外交，可謂圓滿矣，甚慰、甚慰。晚七時
應不丹代表（又呼為不丹小王）多而吉之夫人宴會，係
不丹菜，與中國口味相同，暢談中國文化，十分歡洽。
余用中國古習慣，賞賜伊家用人。

12 月 16 日　星期六

積極準備前進，而運輸真正不易，尤其改箱麻煩。
得小魯來函，江處長養正兄于十一月廿四日病故，非常
悲痛。江隨余在蒙藏會任總務處長三年餘，品行素為人
所稱許，而新舊學問亦有根底。現正年富力強，為國效
力之時，今聞逝世，殊為國家及本會之可惜，彼此感情
向佳，更令我愴悼也。所遺任務，暫由小魯兼代，昨已
函趙副委員長照辦矣。

12 月 17 日　星期日

上午約行轅職員及黃總領事照相，以留記念。午應
滇商馬和記公宴。

12 月 18 日　星期一

上午偕黃總領事參觀奧林所辦之手工場，用當地原
料、當地工人做社會必須之用品，如地氈、浴衣等等。

奧林係很有錢人，他仍辦此小工場，可見英人為社會服
務之精神也。行轅行李及禮品改箱完畢，本日出發。
行轅職員除余及國書外，均于午後乘汽車往岡多，余明
日前往。午後偕黃總領事遊覽加侖堡市內及郊外，並參
觀英人所辦之全印孤兒院。該院規模甚大，登山遠望，
風景亦佳，所有孤兒均係與英人血統有關者（即英人與
印度、尼百爾、錫金、不丹等人種所生），否則概不收
入。加侖堡原屬不丹，大吉嶺原屬哲孟雄，嗣均劃歸印
度制理。

12月19日　星期二

上午十一時卅分偕黃總領事、張國書、阿汪堅贊及
圖丹等乘汽車出發，午後二時半到哲孟雄京城之岡多。
下榻英行政長官歌德家，暢談國際大勢，彼此未談西藏
事宜。

12月20日　星期三

上午九時出發，英行政長官古德（亦可作歌德）、
江孜英國商務委員均來送行。至此關于入藏對英問題十
分圓滿，余十分歡慰。余乘八人大吉嶺山轎上山，于下
午二時至十里鋪住宿，計離岡多十英里，地高九千五百
英尺。

12月21日　星期四

八時出發，午十二時至昌姑，計十一英里，地高一
萬二千五百英尺。因過去趕站不及，即在昌姑住宿。居

住房屋四面環山，中間一湖，風景甚佳，最適宜避暑。

12 月 22 日　星期五

清晨出發，即上高山，至一萬四千四百尺拉圖山（就是喜拉亞山），該山為哲孟雄與西藏交界處所，形勢實屬重要。下午入西藏境至春丕住宿，該處地高一萬一千五百尺。因山高地寒，空氣稀薄，余少動，即氣喘。

12 月 23 日　星期六

清晨出發，沿途古柏參天，風景怡人，惟道路失修，真可謂無路之可言。經過噶久寺，該寺全體喇嘛歡迎，余入寺拜佛，並佈施。將至亞東市路中，西藏亞東商務總管澤松彭康郊迎，遂下榻大商國萊家。查亞東早開為英商埠（駐有英兵），乃西藏入印度交通要道，全藏商務集中之所，西藏惟一門戶，關係全藏對外，十分重要。有清之時，設有游擊及同知關監督，今則只見荒地殘垣，大非昔比，除令我感慨不已也。亞東地高九千九百五十英尺。藏政府已派定澤松總管（四品官）護送余至拉薩，並有達賴由拉薩派來的衛兵隨行。此則藏政府慎重及重視，為從來未有之舉也。隨發電蔣委員長報告行程。

12 月 24 日　星期日

據亞東總管澤松云烏拉（驢馬）預備不及，須廿七日方可起程。偕偖子等溪邊散步，亞東四面皆是高山，

中間一小平原，數十人家，其小真如坐井觀天。

12月25日　星期一

此次由加侖堡至卓木（即亞東之別名）運輸係託邦德昌辦理，所有驢馬均按市價發款，計每頭約盧比七元。因由亞東運羊毛至加侖堡，回來放空，故每頭只須七元，現如在由亞東至加侖堡，則每頭須二十餘元盧比。至由亞東至拉薩沿途所用驢馬，向由藏政府在民間徵用，每頭每日給官價四錢。余為體卹人民起見，每頭每日除官價四錢外，另給賞號一兩六錢，合共二兩。此數在一般觀察未免太少，而在西藏向例則十分優厚矣。在余本可多給，誠恐優例一開，後來人無以善其後也。隨將此事通知澤松總管布告，並電拉薩孔處長轉知噶廈行文沿途一體知照。二兩藏銀合印度四按挪（十六個按挪等于一個盧比）。

12月26日　星期二

亞東氣候甚溫和，據云自此往拉薩途中，十分寒冷。昨日午後特召集行轅全體談話，準備明日起行。晨間與佶子等研究到拉薩應取之態度，並假擬明年陰曆三月中旬回重慶，過此則是雨期，途中不易行也。

12月27日　星期三

上午八時出發，晚宿噶烏，計行十四英里。經過鄰德廣廠，東噶寺在廣廠設帳棚招待茶點，隨予佈施。余昨夜右腰忽痛，今日精神頗不振。此處地高約一萬三千

尺，余更氣喘。

12 月 28 日　星期四

昨夜服凡拉蒙，腰痛稍愈，今晨出發，午後一時半到帕里，沿途官俗民等熱烈歡迎。帕里地高一萬四千三百尺，係西藏最冷的地方，而風亦有名。經過一大平原，可作機場。山高空氣稀薄，余氣喘，頗感不適。

12 月 29 日　星期五

清晨由帕里出發，行一英里至敦那住宿，沿途皆平原，兩旁皆雪山，乃積年未化者。據土人云，每歲六、七月多雨，積雪甚厚，秋冬風燥，積雪漸減。地高一萬四千七百尺英尺。

12 月 30 日　星期六

天氣極寒，余病喘甚劇，且重傷風。清晨由敦那出發，行十三英里至多青，地高一萬四千七百英尺。小息後再行十二英里至噶拉住宿，地高一萬四千六百英尺。沿途經過蚌湖，冬涸凝冰，惟風勢甚猛，奇寒刺骨，深感旅行之苦。

12 月 31 日　星期日

清晨出發，天氣甚佳，午後微風。行十四里抵桑馬打下榻，余頗勞頓。地高一萬四千一百英尺。當地民眾等舉代表歡迎，頭目送土物，請偕子代表接見。

廿八年除夕日之回憶

二十八年忽又過去，在此一年中固不少可憶之事，然其最重要者，厥為第十四輩達賴轉世一案。查此案開始于二十七年之秋，及至今日，方在漸次完成之中。其間變化周折，不知凡幾，以具見諸余每日日記之中。簡括以言，其最困難之處可分下列四點：

（一）青海

第十四輩達賴轉世之靈兒係覓獲于青海，其一切手續之進行，自須以迎取靈兒到藏為前提。但青海方面以種種原因，稽之不遣。嗣被中央多方催促，始于二十八年夏派馬師長元海，隨同西藏迎取人員護送到藏。

（二）西藏

西藏對中央之關係近年來雖較好轉，但總在若即若離之間。其對達賴轉世之進行，最初原有不報中央之意，後以無法避免，遂只得據實以呈。中央此時亦不擬派大員入藏，僅須于達賴轉世坐床典禮中，派代表參加，經交涉後，西藏亦表示接受。此二十七年年終之事也。迨廿八年春，靈兒延未入藏，中央復有派余入藏之議，西藏感余歷年來對彼之真誠愛護，復極端歡迎。

（三）中央

達賴轉世之手續，關係中央對藏主權，又屬民國以來之創舉，自須出之審慎。且當此抗戰期中，對英外交尤關重要，萬不可操之過急。故于接獲藏方轉世靈兒業經覓得之報告後，國府雖即明令余會同熱振呼圖克圖主持其事，但實質上只須握其主權，余親身赴藏與否，均無大關係。惟後以靈兒稽未西行，中央各方復有認為加

187 年 12 月 187

強中央對藏關係之機會，由孔院長庸之於廿八年三月初電駐英郭大使，洽辦余經過印度護照等事。余身為邊事主管長官，甚願遠此一行，並即與西藏積極接洽，於是對藏問題復進入一新階段矣。

（四）英國

英人圖藏數十年，其對我中央人員之入藏，向多阻撓。此次洽商之初，彼堅持須由我先與西藏商妥後，再由西藏政府通知印度政府洽辦云云。其意蓋欲我承認西藏有外交自主權，如我不肯照辦，亦可藉此為拒絕之口實。我以主權所關，當然不能照辦，護照遂因以遲遲未簽。迄九月初英、法對德戰事發生，英人對遠東求助于我者正多，十月初五日始將護照簽發，余之入藏問題，乃克具體實現。

至此時期，凡對外之各種困難，均已次第解決，所餘者惟入藏經費之一項耳。蓋目前應以樹立信用，收拾人心為主旨。當此時期，中央對藏既無武力可以憑藉，後無感情可資維繫，非有充分經費不可耳。值此抗戰方殷，財政既較艱窘，復以理財者之昧于邊政，幾令事敗垂成。然幸以諸老同志之幫忙，卒亦滿意解決。余遂于十月廿一日由渝起程飛抵香港，現正在入藏途中，西望拉薩，計日可到，促進中央與西藏之關係，不難預期。茲當二十八年除夕之際，回憶所及，益覺困阻艱難，為事業成功必有之過程。爰述梗概，以策將來。

民國日記 43

吳忠信日記（1937-1939）
The Diaries of Wu Chung-hsin, 1937-1939

原　　著　吳忠信
主　　編　王文隆
總 編 輯　陳新林、呂芳上
執行編輯　李佳若
文字編輯　張傳欣、蔣緒慧
封面設計　陳新林
排　　版　溫心忻

出　　版　開源書局出版有限公司

香港金鐘夏慤道 18 號海富中心
1 座 26 樓 06 室
TEL：+852-35860995

民國歷史文化學社 有限公司

10646 台北市大安區羅斯福路三段
37 號 7 樓之 1
TEL：+886-2-2369-6912
FAX：+886-2-2369-6990

http://www.rchcs.com.tw

初版一刷　2020 年 8 月 31 日
定　　價　新台幣 350 元
　　　　　港　幣 90 元
　　　　　美　元 13 元
I S B N　978-986-99448-1-6
印　　刷　長達印刷有限公司
　　　　　台北市西園路二段 50 巷 4 弄 21 號
　　　　　TEL：+886-2-2304-0488

國家圖書館出版品預行編目 (CIP) 資料
吳忠信日記 (1937-1939) = The diaries of Wu
Chung-hsin, 1937-1939 / 吳忠信原著 . -- 初版 .
-- 臺北市 : 民國歷史文化學社 , 2020.08

　面；　公分 . -- (民國日記 ; 43)

ISBN 978-986-99448-1-6(平裝)

1. 吳忠信　2. 傳記

782.887　　　　　　　　　　109012508